Wende dich zu mir

Gebete mit Sterbenden

Herausgegeben von Erhard Domay
in Zusammenarbeit mit Ursel Heinz

Mit einem Nachwort von Franco Rest

W0059738

Gütersloher Verlagshaus

Originalausgabe

Die deutsche Bibliothek - CIP-Einheitsaufnahme

Wende dich zu mir: Gebete mit Sterbenden / hrsg. von Erhard
Domay in Zusammenarbeit mit Ursel Heinz. Mit einem
Nachw. von Franco Rest. – Orig.-Ausg. – Gütersloh:
Gütersloher Verl.-Haus, 1995
(Gütersloher Taschenbücher; 1310)
ISBN 3-579-01310-6
NE: Domay, Erhard [Hrsg.]; GT

ISBN 3-579-01310-6
© Gütersloher Verlagshaus, Gütersloh 1995

Umschlaggestaltung: Dieter Rehder, Aachen, unter der Verwendung eines Fotos
© SSI, BAVARIA Bildagentur, Düsseldorf
Gesamtherstellung: Clausen & Bosse, Leck
Gedruckt auf chlorfrei gebleichtem Werkdruckpapier
Printed in Germany

Inhalt

Segen und Segnung

Sterbende im Gebet und rituell Begleiten

Vorwort

Dem Sterben und dem Tod gegenüber gibt es keine Routine, weder eine menschliche noch eine berufliche Routine. Wir können uns nicht schützen gegen die Erfahrung von Sterben und Tod; wir sind ihr ausgesetzt und erleben Hilflosigkeit, wo wir für unser Leben gerne helfen möchten. Wir erleben Sprachlosigkeit, wo wir – vielleicht ein letztes Mal – ein tröstendes Wort sagen möchten. Wir möchten sterbenden Menschen zeigen, daß wir ihnen nah sind, aber oft fehlt uns der Mut zu einer Geste. Wie sollen wir fühlen und erkennen, daß wir verstanden werden? Und wenn wir ein Gebet sprechen wollen, suchen wir nach dem angemessenen und ehrlichen Ausdruck dessen, was wir glauben.

Dieses Buch will allen Menschen, die mit der Erfahrung des Sterbens und des Todes konfrontiert sind, eine Sprachhilfe geben. Die Texte kommen zum weitaus größten Teil aus der unmittelbaren Praxis von Seelsorgerinnen und Seelsorgern, die an Sterbebetten reden müssen – zu Sterbenden und zu deren Angehörigen. Sie haben formuliert, was ihnen in dieser schwierigen Situation sagbar erscheint. Sie haben Vorschläge notiert, welche Gesten, welche gottesdienstlichen Teile hilfreich sind; sie haben zum Beispiel entsprechende Abendmahlsfeiern gestaltet. Sie haben Gebete und Meditationen geschrieben, manchmal in enger Anlehnung an biblische Gedankengänge, manchmal ganz frei und offen, manchmal auch in gebundener lyrischer Sprache.

Nur wenige Texte sind Zitate aus der Tradition und der Bibel. Dieses Buch soll ja Bibel und Gesangbuch nicht ersetzen, selbstverständlich auch nicht die eigene Erfahrung und das eigene Sprechen und Schweigen.

Um die Verwendung der Texte zu erleichtern, bietet das Register am Ende des Buches rasche Zugänge zu Situationen, in denen die Gebete gesprochen werden, und zu Themen und Motiven, die in ihnen vorkommen.

Eine gründliche theologische Orientierung über seelsorgerliche Gesichtspunkte ermöglicht Professor Dr. Franco Rest in seinem Nachwort. Die Literaturhinweise am Schluß des Nachworts geben weitere Leseempfehlungen für alle Leserinnen und Leser, die sich über den gebotenen Rahmen hinaus informieren wollen.

Erhard Domay

ERFAHRUNGEN AM STERBEBETT

Anregungen im Umgang mit Sterbenden

Vom Umgang mit Trostworten

Worte erreichen und trösten m. E. einen Menschen nur dann, wenn sie aus einer vertrauensvollen, mitmenschlichen Beziehung erwachsen und sie transzendieren. Deshalb ist es (mir) nicht möglich, ein Ritual, einen Bibeltext oder ein Gebet an die Stelle einer persönlichen Beziehung zu setzen.

Nonverbale körperliche Gesten sind nicht weniger tröstlich als Worte, aufmerksames und mitgehendes Zuhören nicht weniger verheißungsvoll als eigener Zuspruch.

Eigene zuversichtliche Ruhe angesichts eines/einer Sterbenden ist Grundvoraussetzung, um mit ihm/ihr Frieden zu teilen. Stehe ich, oder setze ich mich unter Druck, das rechte Trostwort finden und sagen zu müssen, so kommt es nicht dazu. Ob ich zur Ruhe komme und dann vielleicht auch trösten kann, hängt davon ab, ob ich zuvor bereit bin, den Druck loszulassen, meine hilflose Ohnmacht anzuerkennen und sie an Gott abzugeben.

Von Todkranken selbst geäußerte Trostworte, an die sie erinnert werden können:

»Ich kann nicht tiefer fallen als in Gottes Arme.«
»Hab Dank für deine Liebe.«
»Was ängstet mich mein Schiffbruch, wenn Gott das Meer ist.«
»Ein hoher, dunkler Berg lag vor mir. Den mußte ich hinaufsteigen. Als ich losging, ging hinter mir die Sonne auf.«
»Maria hat einen weiten Mantel; unter dem finde ich Platz.«

»Mein Glaube ist wie ein Vogel, der anfängt zu singen, obwohl es noch Nacht ist.«

»Ein Gebet und eine Träne, das erleichtert.«

»Ich mußte stundenlang gehen durch eine kalte Winternacht. Dann kam ich an das Haus, in dem ich als Kind immer Weihnachten gefeiert habe. Es war hell erleuchtet. Die Tür tat sich auf, und auf meinem Platz lag ein Lebkuchenherz. Darauf war mein Name geschrieben.«

»Es ist heute so ruhig und still in meinem Zimmer. Es wird gar nichts gemacht. Ich glaube, heute ist Sonntag.«

»Es ist Krieg. Die ganze Stadt brennt und ich mußte mit dem Motorrad immer mittendurch. Aber dann bekomme ich Heimaturlaub und darf mit meiner Frau und den Kindern spazierengehen.«

»Ich habe die Zweige gesehen, wie sie unter dem Wintereis Knospen treiben.«

»Meine Kinder werden leben – auch wenn ich gehe.«

Tröstung im Koma

Weil Sterbende in Bildern empfinden, reden und sehen und weil das gesungene Wort am weitesten trägt, singe ich am Bett eines Menschen, der im Koma liegt (um seinet- und meinetwillen) Verse aus Abendliedern. Mit ihrer bildhaft-tiefgründigen Sprache beruhigen und zentrieren sie und eröffnen Raum. Es eignen sich Verse aus folgenden Abendliedern:

> Abend ward, bald kommt die Nacht (EG 487)
> Nun sich der Tag geendet hat (EG 478)
> Nun ruhen alle Wälder (EG 477)
> Mein schönste Zier und Kleinod bist (EG 473)
> Nun sich der Tag geendet (EG 481)
> Der Mond ist aufgegangen (EG 482)
> Da nun der Tag uns geht zu End
> Müde bin ich, geh zur Ruh (EG 484)

Berthild Boueke-von Waldthausen

Erfahrungen am Sterbebett

Mir stehen viele konkrete Situationen vor Augen, bestimmte Menschen, aber das kann ich nicht vermitteln, auch meine Unsicherheit, mein Tasten, das Schweigen, der Blickkontakt, Gedanken an mein eigenes Sterben, Ärger und Wut über ein einzelnes Schicksal, über Störungen, zerbrochene Beziehungen mit Kindern, Schmerzen, die Gerüche im Zimmer, Ekel und mein Kampf, nicht wegzulaufen usw. usw.

Mit einem schwerkranken Menschen kann ich beten, wenn unsere Beziehung es zuläßt. Aus dem Zweiergespräch wird dadurch die gemeinsame Hinwendung zu Gott. Wir geben ab, was uns im Gespräch bewegt hat: Klage, Bitterkeit, Angst, Sorge, Dank, Fürbitte, möglichst konkret. Das Gesagte lastet dann nicht auf unser beider Schultern. Das Gebet muß nicht am Ende des Besuchs stehen.

Menschen, die im Koma liegen, nehmen mehr wahr als wir denken; sie hören und fühlen oft, ohne reagieren zu können. Ich sage, was ich tue: »Ich setze mich eine Weile zu Ihnen, ich bin die Seelsorgerin hier im Haus.«

»Ich lege meine Hand auf Ihren Arm, dann spüren Sie, daß Sie nicht allein sind.« »Ich sage Ihnen einen Psalm, den ich gern mag, vielleicht kennen Sie ihn.« »Ich möchte Ihnen ein Lied singen, vielleicht hören Sie die Melodie in Ihrem tiefen Schlaf.« Dabei achte ich auf jede Reaktion, es gibt erstaunliche – bis zum Bewegen der Lippen oder Mitsprechen. Ich sage, wenn ich gehe; ich spreche vielleicht einen Segen und lege dabei meine Hand auf die Stirn des Kranken.

Wenn Menschen mich bitten, bei ihrem Sterben dabei zu sein, und ich das will, lege ich eine Notiz auf den Nachttisch mit meiner Telefonnummer und dem Auftrag, mich zu rufen, wenn sich der Zustand verschlechtert. Ich suche den Kontakt zu Angehörigen, um mich mit ihnen zu verständigen.

Oft geraten Angehörige nach dem Tod in Hektik. Sie haben

Angst, raffen die Sachen zusammen und wollen weg. Das ist ihr gutes Recht. Und doch kann ein gestalteter Abschied für ihr Leben Hilfe sein. Ich spreche über dem Toten ein Segenswort und einen Segenssatz für die Angehörigen, ermutige dazu, die Tote noch einmal zu berühren, vielleicht zu streicheln, frage, was die Tochter der Mutter noch sagen möchte und was die Mutter der Tochter wohl sagen würde. Tränen sollen Zeit haben, auch erzählen, bis es dann möglich ist, die Tote gemeinsam ganz zuzudecken. In vielen Krankenhäusern werden die Toten danach erst »fertig« gemacht, zumal sie sowieso noch zwei oder drei Stunden auf der Station bleiben. Ich kann darum bitten, während des Abschieds von der Station nicht gestört zu werden. Das Vaterunser sprechen auch kirchenfremde Menschen oft mit, laut oder leise.

Im Bewußtsein *katholischer Christen* ist die Krankensalbung mehr verankert als die Abendmahlsfeier bei evangelischen Christen. Es gibt gute Erfahrungen mit diesem Sakrament. Patienten können ihre Erwartungen und Wünsche nennen, in welcher Form auch immer, ob mit oder ohne Talar, mit Kerzen und Kreuz, allein oder mit Angehörigen, Mitpatienten oder einer Pflegekraft, zu der eine besondere Beziehung besteht; Vorerfahrungen mit dem Abendmahl können erzählt werden, Musik (von einer Kassette) kann die Feier begleiten. Anliegen für das Gebet, das eigene oder von mir stellvertretend gesprochene, werden genannt, konkrete Fürbitten, Namen, die betend erwähnt werden sollen, angesprochen. Versäumnisse und Schuld, die bekannt werden sollen, werden ausgesprochen. Ernst und Freude sowie das Erlebnis, daß wir »schmecken und sehen können, wie freundlich der Herr ist«, sollten zurückbleiben, wenn wir gegangen sind.

Fromme *Muslime* z. B. haben besondere Rituale, die ermöglicht werden müssen: Mit dem Bekenntnis, daß kein Gott ist außer Gott, soll ein frommer Muslim sterben. Er hebt den Finger zum Himmel und spricht das Bekenntnis. Wenn er dazu nicht mehr in der Lage ist, hebt einer der Angehörigen den Finger für ihn und sagt ihm das Bekenntnis ins Ohr. Auch ein Christ kann dem Sterbenden helfen, die Hand zu heben. Der Sterbende wird so gedreht, daß sein Gesicht nach Mekka (Südosten) gewandt ist. Nach dem Tod wird der Leichnam auf einen Tisch gelegt und unter fließendem Wasser dreimal gewaschen. Frauen waschen Frauen, Männer waschen Männer. Dabei wird gebetet, geweint, gesungen. Die junge Generation wird von den Älteren eingewiesen. Es gibt keine Angst vor Berührung, keine Scheu zärtlich zu sein. Mit duftenden Ölen wird der Tote gesalbt. Die Hände des Mannes werden über dem Bauch zusammengelegt, bei Frauen über der Brust. Dann wird der Leichnam auf die rechte Seite gelegt. Im Wirtschaftsbereich eines Krankenhauses kann ein Raum für solch ein Ritual gefunden werden. Oft findet dort auch die Totenfeier mit einem islamischen Geistlichen statt, bevor der Tote bestattet oder oft ausgeflogen wird, um in der Heimat beerdigt zu werden.

Selbstverständlich muß ggf. auch für die Rituale anderer Religionen Gelegenheit und Raum sein – das Verständnis für sie ist ohnehin vorauszusetzen.

Margarete Haarbeck

GEBETE

Sich mit dem Sterben auseinandersetzen

Herr, Du weißt,

daß wir erschrocken und verschüchtert sind,
verbittert, erschüttert, verstummt. Wir werden
mit dem Tod nicht fertig. Wir werden mit
unserer Trauer nicht fertig. Wir werden mit
unserem eigenen Leben nicht mehr fertig.

Die Todesangst verschließt mir jede Lebensfreude.
Du kennst meine Todesangst. Du erkennst sie.

Herr, sage mir, wie lange ich noch zu leben habe,
damit ich mir bewußt mache, daß ich vergänglich
bin, entbehrlich, sterblich.
Ach Herr, nein, sag es mir nicht!
Ich will leben. Ich will leben.

Und doch, was bin ich denn?
Du hast meinem Leben ein Ende bestimmt,
und immer werde ich sagen und klagen:
Es ist zu früh, ich will leben.

Und doch, jeder Mensch ist nur ein Hauch des
Windes, wie ein Schatten – Lärm um nichts.

Meine Hoffnung richtet sich an dich, Herr!
Unseren Stolz zerstörst du, unseren Eifer läßt du
ins Leere laufen. Herr, ich leide unter dir, ich
begreife dich nicht. Herr, wenn ich Mut habe, meine
Angst heraus zu schreien, dann schweige nicht.

Herr, wenn ich wieder wage zu weinen,
dann laß mich nicht allein.

Herr, wenn ich sterbe, mach du mich ruhig.
Denn du bist meine Hoffnung.
Amen.

Hans Overkämping

Wie ein Weizenkorn

Gott, ich bin ein Weizenkorn in deiner Hand.
Aber ich sträube mich, daß du mich aussäst,
denn ich will mich behalten. –
Du pflügst die harte Erde in mir auf.
Deshalb rechte und hadere ich mit dir,
denn das tut weh,
und ich will mich bewahren.

Doch du sagst mir:
Neues Leben entstehe nur,
wenn ich mich hergebe und hingebe.
Erst wenn ich bereit sei, mich zu verlieren,
könne ich mich gewinnen.

Gott, dann wage ich es und laß es mit mir geschehen.
Ich bin ein Weizenkorn in deiner Hand:
Streu mich aus,
schick Regen, schenk Sonne,
gib Leiden oder Freuden!
Wenn ich nur reife unter deiner Liebe
zur Frucht des Lebens!

Erich Legler

Stationen

Gott, ich habe Angst

Gott, ich bin krank. Warum wird es mit mir nicht besser? Wenn ich die Ärztin oder die Schwestern nach meinem Zustand frage, begegne ich verlegenen Blicken. Oder sie schieben mich fort mit den Worten: »Es wird schon wieder! Haben Sie Geduld!« Doch an dem Ton ihrer Stimme und an der Eile, mit der sie fortgehen, merke ich, daß sie nicht aufrichtig sind. Aber ich spüre es ja selbst. Ich spüre, daß meine Schwäche von Tag zu Tag zunimmt. Gott, ich habe Angst.

Gott, ich kann es nicht mehr ertragen

Gott, höre wenigstens du mir einmal zu. Ich kann die Rücksichtslosigkeit der Menschen um mich nicht mehr ertragen. Wenn ich reden möchte, hat niemand Zeit. Wenn ich um einen notwendigen Dienst bitte, heißt es: »Gleich!«, und ich kann unter Umständen lange warten. Wenn ich um eine zusätzliche Gefälligkeit frage, lassen sie mich spüren, wie unangenehm ihnen die Mühe ist, die ich mache.

Auch in der Familie leben sie ihr Leben, ohne daß für mich Raum ist. Der Mann geht zum Sport. Die Kinder besuchen ihre

Schulkolleginnen und Kollegen. Wenn sie hier sind, sind sie schon auf dem Sprung wieder unterwegs. Sie leben ihr Leben, wie sie es gewohnt sind und kümmern sich nicht darum, daß ich darin fehle.

Gott, ist es das, was mich kränkt, daß das Leben weitergehen wird, so normal, so banal, aber auch so aufregend und fröhlich wie bisher, auch wenn ich nicht mehr bin?

Gott, was wird mit den Meinen?

Gott, was wird mit den Meinen, die ich liebe, wenn ich sie verlassen muß? Was wird mit den Kindern? Für sie habe ich Verantwortung. Werden sie zurecht kommen? Was wird mit meinem Mann, den ich liebe? Wird er es schaffen, die Pflichten zu übernehmen, die wir jetzt teilen? Ich kann nicht über mein Leben hinaus planen. So vieles bleibt unerledigt liegen. Gott, laß uns die letzte Zeit gut miteinander verbringen. Laß mich abschließen, was ich noch zum Abschluß und zur Reife bringen kann. Und dann hilf mir Gott, daß ich das alles loslassen kann, was mich so festhält.

Gott, ich bin nicht bereit

Gott, wer bist du für mich? Ich habe Angst. Ich habe unaussprechliche Angst, wenn ich an das Dunkel denke, das mir näherkommt. Und ich bin nicht bereit zu gehen. Warum läßt du mich nicht leben, Gott? Bist du der gute Gott, an den ich gelernt habe zu glauben? Ich kann nicht mehr glauben. Ich kann nicht mehr beten. Meine Gedanken zerrinnen, wenn ich versuche, sie zu sammeln. Manchmal wünschte ich, jemand würde mit mir beten. Aber wünsche ich überhaupt zu beten? Ich kann nur um das eine betteln, daß ich gesund werde. Und das geschieht nicht.

Gott, heute sehe ich die Sonne

Gott, heute sehe ich die Sonne, die durch mein Fenster scheint. Ein Lichtstrahl zaubert das Muster der Gardine auf den Teppich. Ich lasse die Strahlen über meine Finger laufen und wärme meine müden Hände. Gott, wie schön ist deine Welt. Wenn ich ihre

Schönheit sehe, bekomme ich eine Ahnung, wer du bist. Ich danke dir für die Zeit, die ich im Licht der Sonne leben durfte. Und ich bitte dich, laß mich dein Licht sehen, auch wenn es jetzt für mich in die Dunkelheit geht.

Gebet mit Angehörigen bei einem Gestorbenen
Gott,
die Worte versagen uns,
und wir können unseren Schmerz nur stammeln.
Wir können das, was geschehen ist, nicht fassen.
Warum mutest du, Gott, uns diesen Tod zu?
Warum mutest du uns zu,
daß wir mit diesem Verlust leben müssen?
Wir wissen auf unsere Fragen jetzt keine Antwort.
Gott, laß uns im Augenblick nur dies eine festhalten:
Wir vertrauen, daß du den, der von uns gegangen ist,
so lieb hast, wie wir ihn lieb haben. Amen.

Ursel Heinz

Gebet einer Mutter

Vater, ich möchte schreien, so brennt der Schmerz in mir,
doch fehlen mir die Worte – mein Kind stirbt.
Ich weiß, es wird ... gut gehen bei dir,
die Schmerzen haben ein Ende,
der kleine Körper wird Ruhe finden,
aber ich will ... nicht hergeben.
Alles Hoffen war vergebens, aber du gabst uns Zeit,
Zeit bei ... zu sein, ... zu begleiten, Zeit mit ...
Steh mir bei in meiner Hilflosigkeit, in meiner Ohnmacht.
Gib mir Kraft, mein Kind des Weges zu geleiten,

und ... in Frieden gehen zu lassen in der Gewißheit,
daß du ... behütest in deiner Gnade
und im Lichte deiner Barmherzigkeit.

Ute Riegas-Gundlach

Meditation mit einem Sterbenden, dem kirchliche Rede nicht vertraut ist

Ich spüre:
Ich habe mein Leben
nicht mehr im Griff,
es entgleitet mir,
ich spüre die Ohnmacht,
ich bin ohnmächtig
gegen den Schmerz,
ohnmächtig gegen
die schwindende Zeit.

Wem kann ich klagen,
was mich kränkte,
was ich verlor,
was mir versagt blieb –
wem?

Wem kann ich sagen,
was mir gut tat,
was mich beglückte,
was mir gelang,
was mir erspart blieb –
wem?

Wer immer
mich hört:
Ich will klagen bis
ich stille werde
und loslassen kann –
vielleicht
finde ich Frieden
und kann danken
für mein Leben.
Wer immer
mich hören will,
soll mich hören.

Karl Heinz Backofen

Herr Jesus, mir ist angst

Herr Jesus, mir ist angst, und mein Kreuz wird schwer: Ich stürze in tiefe Nacht. Ich weiß nicht mehr ein noch aus. Bleib bei mir! Verlaß mich nicht!
Vergib mir meine Sünden! Nimm meine Hand und führe mich zum Ziel, auch wenn ich nichts fühle von deiner Macht.
Laß mich dir leben und dir sterben, damit ich dein bin in Zeit und in Ewigkeit. Amen.

Jürgen Martin

Tod

Der kleine Tod in meinem Innern
heißt Trauer, Schmerz und Leid,
heißt Sehnsucht, Träume und Erinnern
und Liebe in der Zeit.

Die Antwort meiner Umwelt
heißt Armut, Krankheit, Not,
heißt Kriege, Rüstung, Gier nach Geld
und Leben ohne Gott.

Mein Schrei beginnt zu wachsen
und nimmt mich ganz in Bann,
mich drängen Todessachen,
daß ich nicht atmen kann.

Komm, du Erlöser dieses Sterbens,
hilf mir durch deinen Tod,
zeig mit der Kraft des neuen Werdens
Dein lebend' Antlitz, Gott!

Gisela Rest-Hartjes

Bitten um Trost und Kraft

Gebet in Trauer

Herr, du weißt, wie traurig ich bin.
Es ist, als ob ich den Boden unter den Füßen verliere.
Wer kann mir noch helfen?
Was ich liebe, ist mir genommen,
das tut weh, sehr weh.
Ich möchte lernen,
in dieser schweren Zeit
auf dich zu vertrauen.
Ich glaube daran,
daß du für uns Menschen
Wege offen hältst,
wenn wir unsere Lebensgrenzen durchschreiten.
Herr, es ist so leer geworden um mich her.
Woran soll ich mich halten?
Ich schäme mich meiner Trauer
und meiner Tränen nicht.
Schenke mir heilende Kraft in
der Trauer und in den Tränen.
Schenke mir den Glauben,
daß wir im Gebet verbunden sind.
Bewahre uns vor dem Vergessen,
auch über den Tod hinaus.
Ich bin so traurig, Herr,
ich fühle mich aber dennoch geborgen in dir.
Hab' Dank für diese Geborgenheit.

Hans Jürgen Milchner

Die letzte Brücke

Zwei Hände voller
Zärtlichkeit und Liebe
sanft auf der Stirn,
der Hand des
sterbenden Menschen und das
Gebet: Herr,
Jesus Christus,
Sohn Gottes,
des Lebendigen,
erbarm
Dich
unser.

Klemens Jockwig

Ein und aus

Stoßgebet bei einem Sterbenden,
im Atemrhythmus zu sprechen

Ein –
und aus –
ein –
und aus –
kommt –
und geht der Atem;

Gott des Lebens –
Herr der Zeiten –
schütze mich;

Jesus Christus –
Freund und Bruder –
segne mich;

Geist des Lebens –
Kraft der Schwachen –
tröste mich:

aus –
und ein –
geht –
und kommt –
der Atem.

Werner Posner

Herr, unser Gott,

der du mächtig bist zum Tod –
mehr aber: zum Leben!
Wir rufen dich an,
wir Gebilde von Staub,
verletzbar und verletzend,
angstvoll und beängstigend:

Hilf uns zum Glauben,
der die Todesangst nicht verdrängt,
der nicht leugnet,
der das Leben achtet und dafür eintritt.
Menschen stehe bei, die zweifeln
und verzweifelt keine Freunde finden können,
die einsam und traurig sich verlassen

wähnen, die sorgenvoll in die Zukunft
blicken und keine Hoffnung mehr haben.

Du bist mächtig in Deiner Liebe.
Erwecke uns durch die Macht zum Leben.
Darum bitten wir durch Christus, unseren Herrn.
Amen.

Hans Overkämping

Führe uns ins Leben, Herr

(auch als Litanei in einer Andacht)

Aus aller Not und Traurigkeit – führe uns ins Leben, Herr.
Aus aller Ausweglosigkeit – führe uns ins Leben, Herr.
Aus aller Abgeschiedenheit – führe uns ins Leben, Herr.
Aus aller Verzweiflung und Mutlosigkeit – führe uns ins Leben,
    Herr.
Aus aller Zukunftsangst – führe uns ins Leben, Herr.
Durch deinen Geist, der lebendig macht – führe uns ins Leben,
    Herr.
Durch Menschen, die uns nahe sind – führe uns ins Leben,
    Herr.
Durch jedes gutgemeinte Wort – führe uns ins Leben, Herr.
Durch jeden, der uns Mut zuspricht – führe uns ins Leben,
    Herr.
Durch Vertrauen auf dein Wort – führe uns ins Leben, Herr.
Mit all unseren Verstorbenen – führe uns ins Leben, Herr.
Mit allen, die uns wichtig sind – führe uns ins Leben, Herr.
Mit Jesus Christus, unserem Herrn – führe uns ins Leben,
    Herr.

Hans Overkämping

Gebet

Manchmal wurde es mir bewußt in den Augenblicken des Glücks und in den Stunden des Leidens, daß meine ungestillte Sehnsucht dich meinte und suchte, unbegreiflicher Gott.

Jetzt, da jede Erfüllung zerbricht, mutest du mir die letzte Leere zu und den Glauben, daß im endlichen Tod unendliches Leben ist.

Tröste und stärke mich, wenn ich mich festhalte an dir, gekreuzigter Jesus. Wandle meine Verlassenheit, schenk mir Geborgenheit, so daß ich mich loslassen kann, weil du mich in deiner Liebe umfängst, die mich schon immer umhüllte – es ist alles erfüllt.

Ich warte auf dich, der du immer schon bei mir warst.

Wenn du jetzt kommst, hast du die Wohnung bereitet, damit ich endlich dort bin, wo du bist, und mit dir schaue den Unbegreiflichen, den schon immer Gesuchten, Geliebten – von Angesicht zu Angesicht.

Klemens Jockwig

Gebet mit Angehörigen eines / einer Gestorbenen

Gott,
… ist gestorben.
Unsere Hände, die … eben noch festhalten wollten, greifen nun ins Leere.
Leer sind auch unsere Gedanken, leer und ratlos.

Laß uns an diesem Punkt nicht stehenbleiben.

Laß uns die Gewißheit, daß... jetzt ganz in deiner Hand geborgen ist. Daraus wird... keine Macht der Welt reißen können.

Das möchten wir glauben und bitten dich dazu um deine Hilfe.
Amen.

Willi Everding

Ein Zeichen

Gebet bei einem Sterbenden
oder eben Verstorbenen

Ein Zeichen prägtest einst
du meinem Leben ein,
drücktest mir ein Schutz-Mal
auf die Stirn,
pflanztest Sehnsucht mir
und Hoffnung ins Gebein.
gabst mir meinen Atem,
und deine Hände trugen mich
in Sturm und Wellen.

Ein Zeichen gib mir neu,
ein Gütesiegel deiner Huld;
und birg mich nun,
am Ende meiner Wege,
mit der Ernte, die ich bringe,
sanft und leuchtend
in dein Licht.

Werner Posner

Mach's mit mir gut

Gebet bei einem Sterbenden

Das Dunkel wächst,
die Schatten werden lang,
von ferne nur streift Licht
mein Angesicht.
Komm mir entgegen, du,
entbinde mich von allem,
was mich fesselt,
heile meine Wunden,
sammle meine Ernte ein.
Nimm mich in deine Hut
und mach's mit mir,
mach's mit uns allen gut.

Werner Posner

Gebet mit Sterbenden

Guter Gott,
mein Leben ist mir zu schwer geworden. Zu schwer, als daß ich
es noch tragen könnte.

In dir will ich meine Ruhe finden. Ruhe von meinen Schmerzen,
Ruhe von aller Last. Ich möchte mich ganz fallen lassen.

Aber was wird dann sein?

Deine Hand möchte ich finden. Deine Hand, die mich auffängt, die mich hält. Da will ich mich sicher fühlen und in dir geborgen sein.
Amen.

Willi Everding

Gebet am Sterbebett

Gott,
ich will den Schritt nun wagen,
denn ich bleib' in deiner Hand.

Gott,
ich will nun nicht mehr zagen
vor dem unbekannten Land.

Fest hält mich dein gutes Wort:
Ich bin dein Kind!
Hier und dort.

Willi Everding

Indianisches Sterbelied

Laß es schön sein,
wenn ich das letzte Lied singe.
Laß es Tag sein,
wenn ich das letzte Lied singe.

Ich möchte auf meinen beiden Füßen stehen,
wenn ich das letzte Lied singe.

Ich möchte mit meinen Augen hochblicken,
wenn ich das letzte Lied singe.

Ich möchte,
daß die Winde meinen Körper umschließen,
wenn ich das letzte Lied singe.

Ich möchte,
daß die Sonne auf meinen Körper scheint,
wenn ich das letzte Lied singe.

Laß es schön sein,
wenn ich das letzte Lied singe.
Laß es Tag sein,
wenn ich das letzte Lied singe.

Für sterbende oder gestorbene Menschen bitten

Gott, gib, daß sie dich finden

Gott, gib all denen, die dich suchen, daß sie dich finden; und denen, die dich finden, daß sie dich wieder von neuem suchen; bis all unser Suchen zum Finden und unser Finden zu deinem ewigen Lobe geworden ist – um deiner Liebe willen. Amen.

Jürgen Martin

Gebet bei einem sterbenden Menschen, der mir unbekannt ist

Barmherziger Gott, das Leben von ... neigt sich seinem Ende zu. Ich kenne sie/ihn nicht und weiß so wenig, wie ich ihr/ihm beistehen kann. Aber du kennst sie/ihn und hast ihr/ihm Leben vor Augen. Steh ihr/ihm bei in dieser Stunde, und nimm sie/ihn auf in deine Barmherzigkeit.
Amen.

Berthild Boueke-von Waldthausen

Gebet mit einer Sterbenden

Am Bett einer fünfundzwanzigjährigen sterbenden Mutter unmittelbar nach Weihnachten, die an Krebs gelitten hat und das Abendmahl empfing

Herr,
wir sind jetzt mit dir zusammen,
und du verstehst uns.
Du hast Freude erlebt mit deinen Freunden,
wie wir in diesen Tagen Freude erlebt haben
mit unseren Familien und Freunden.
Du kennst aber auch Leid und Schmerzen,
wie wir in diesem Kreise Leid und Schmerzen
kennengelernt und miteinander zu tragen haben.
Nun trage du bitte
unser Leid und unsere Schmerzen mit!
Bitte trage die Schmerzen unserer kranken Schwester,
und trage auch ihre Angst mit ihr!
Trage die Angst von uns allen mit,
die wir um sie und ihr Leben haben!
Stärke sie und ihren Mann,
ihre Tochter und ihre Eltern
mit deinem Trost und mit deiner Hoffnung!
Und fülle jede Stunde ihres und unseres Lebens
mit deinem Leben,
das stärker ist als der Tod
und das auf uns alle wartet.
Amen.

Dietrich Mendt

Gebet bei einer Gestorbenen

In unserem Krankenhaus ist eine junge Frau gestorben. Sie war geistig und körperlich behindert und lebte in einem Behindertenheim. Durch die Unachtsamkeit einer Pflegeperson wurde sie dort so schwer verletzt, daß sie an den Folgen dieser Verletzung starb. Ihr Bruder ist gekommen, um ihre persönlichen Dinge zu holen und um die Überführung der Leiche zu veranlassen.

Gott, wir können nichts mehr für sie tun.
Wir können nur noch ihre Sachen zusammentragen,
die notwendigen Formulare ausfüllen
und hier neben ihr warten.
Bei uns steht die bedrückende Frage:
Warum mußte dies geschehen?
Warum mußte dieses Leben so enden?
Warum konnte sie, die bei aller Eingeschränktheit
so gern lebte, nicht dieses Leben weiter genießen?
»Verwahrt mir mein Karnevalskostüm!«, hat sie gebeten,
als sie noch reden konnte.
Gott, laß sie deine Herrlichkeit schauen!
Schenke ihr ein neues Kleid!
Ich bin sicher, du wirst ihr so erscheinen,
daß sie dich verstehen kann.
Schenke ihr alle Farben und alle Töne!
Sie liebte so sehr die Musik.
Schenke ihr das Lachen und das Weinen.
Sie konnte so sehr in ihrem Lachen gegenwärtig sein,
und wenn sie traurig war, gab sie ihre Tränen.
Gott, laß sie deine Liebe spüren.
Laß sie von deiner Liebe gewärmt
und durchleuchtet werden.
Dann könnte ich wieder an dich glauben, Gott.
Amen.

Ursel Heinz

Gebet für einen eben Gestorbenen

Guter Gott,
du hast dies Leben begonnen,
du hast es gewollt und geliebt
an jedem Tag,
nun endest du dieses Leben.
Laß es münden in deinen Frieden,
wie der Fluß mündet ins Meer.
Amen.

Karl Heinz Backofen

Es gibt Momente

Es gibt Momente,
da wünschte ich,
ich wäre ein Boot für dich. –
Ein Boot,
das dich fortträgt,
wo immer du dich hinsehnst. –
Ein Boot,
das schwer genug ist
für alle deine Probleme und Sorgen,
die du mit dir trägst. –
Ein Boot,
das niemals untergeht,
egal, wie unruhig du bist,
egal, wie stürmisch du bist.

Heidi Kolberg

Es gibt Augenblicke

Es gibt Augenblicke,
da wünschte ich,
ich wäre wie Sonnenstrahlen
für dich. –
Sonnenstrahlen,
die deine Hände wärmen,
deine Tränen trocknen. –
Sonnenstrahlen,
die dich an der Nase kitzeln
und dich zum Lachen bringen. –
Sonnenstrahlen,
die die dunklen Winkel
in deinem Innern erleuchten,
deinen Alltag
in helles Licht tauchen,
die Eisberge um dich
zum Schmelzen bringen.

Heidi Kolberg

Glaube nicht, die Last auf deinen Schultern
wird dir zu schwer

Glaube nicht,
die Last auf deinen Schultern
wird dir zu schwer.
Glaube nicht,
du wärst zu schwach,
die Lasten anderer noch mitzutragen.
Du wirst dich wundern,
wie stark
du trotz deiner Schwächen bist.

Heidi Kolberg

Lebendiger Gott,

laß den Glauben und die Hoffnung
in uns wachsen,
denn nur im Glauben und in der Hoffnung
können wir das Leben bestehen
von Tag zu Tag
und auch den Tod am Ende überleben.

Du, Gott,
wirst uns die große Verwandlung
durch den Tod hindurch schenken,
die Auferstehung

durch unseren Herrn Jesus Christus,
der mit dir und dem Heiligen Geist
lebt und wirkt in Ewigkeit.
Amen.

Hans Overkämping

Sprachlose Nähe

Jetzt, da die Nähe ist,
ist keine Sprache mehr,
nur noch der Schlaf
des Kranken und
ab und zu sein Blick,
der durch mich durch
zwischen den Welten geht
und der sich langsam
festmacht in der
anderen,
aus jeder Flucht,
aus jeder Fremde
in der
Heimat.

Klemens Jockwig

Am Bett des Sterbenden

Geschenk der Nähe
und der Zärtlichkeit,
die in der Lebenszeit
nie möglich waren.
Ein tiefer Frieden,
der mit Trauer angefüllt,
daß an der letzten Grenze
Grenzen überwunden sind,
daß erst im tiefsten Schweigen
Sprechen sich enthüllt,
und erst im Tod
ein Hauch von Leben,
dem Sterbenden Geleit
in die Erfüllung
jenseits aller Grenzen,
und mir, dem Bleibenden,
die Glut der Sehnsucht glühen läßt
im Strom der Tränen
unter schwarzer Asche.

Klemens Jockwig

Selbstgespräch eines Sterbenden

Ich lebe, und
ich sterbe.
Ich?
Wirklich ich.
Wer bin ich?

Eine Puppe im Spiel.
In mir die Hand,
die mich bewegt,
diese Hand im Dialog
mit der anderen Hand
in der anderen Puppe.
Wenn ausgespielt ist,
bin ich nicht mehr
die Puppe im Spiel,
aber ich bin
noch in der Hand,
die mich spielte.
Ich –
wirklich ich.

Karl Heinz Backofen

Gebet eines Sterbenden

Ich rechne damit, daß ein sterbender Mensch, der nicht mehr auf Anrede reagiert, noch *hört*. Ich will nicht ›über seinen Kopf hinweg‹ beten und ihn zum Gegenstand des Gebetes machen. Ich möchte anklingen lassen, was ihn ganz persönlich wirklich bewegt und ihn ermutigen, – für keinen Menschen mithörbar – Gott zu sagen, was ihn bewegt, so nahe dem Tod den Weg zu gehen von der Klage zum Dank, zur Versöhnung. Es ist unfair, Gebetsinhalte vorzugeben, wenn der Sterbende weder Amen sagen noch Widerspruch äußern kann.

Mit dem Mund
kann ich nicht sagen,
was ich denke,
was ich fühle.

O Gott!

Du hörst
meine Angst –
meine Hoffnung –
meine Klagen –
meinen Dank.

Karl Heinz Backofen

Vieles muß ich loslassen

Gott, mein Vater,
vieles muß ich jetzt loslassen,
was ich bisher festgehalten habe,
und manches weggeben,
an dem ich gehangen bin.
Meine Wege hast du durchkreuzt,
meine Pläne gelten nicht mehr.
Du hast anderes mit mir vor.
Deine Gedanken sind nicht meine Gedanken.
Dein Wille ist ganz anders als der meine.
Soll ich mich wehren,
kann ich fliehen vor dir? –
Du hast mich eingeholt
und hast mich überwältigt.
Jetzt lasse ich mich in dich hineinfallen
und vertraue mich dir an:
Mein Leben ist in deiner Sorge.
Tue mit mir,
was du willst.
Aber liebe mich! Amen.

Erich Legler

Gott, ich glaube an deine Nähe

Gott, ich glaube an deine Nähe, auch wenn ich dich nicht sehe;
ich glaube an deine Liebe, auch wenn ich sie nicht spüre:
Ich glaube an deine Weisheit, auch wenn ich sie nicht begreife.
Ich vertraue dir, auch wenn ich deine Hand nicht ergreifen
    kann.
Du weist den Weg für mich, Gott, ich warte auf dein Heil!

Gott, auf dem Weg in den Tod hast du uns Hoffnung gegeben.
Hilf uns, einander zu trösten, wenn die Angst nach uns greift.
Geleite uns durch die frohen und schweren Stunden unseres
    Lebens,
bis du aller Not ein Ende machen wirst und uns schauen läßt,
worauf wir hoffen. Das bitten wir durch Jesus, deinen Sohn,
    den du
auferweckt hast und der bei dir lebt in alle Ewigkeit. Amen.

Gott, ich weiß, daß du mich liebst, darum nehme ich alles, was
    kommt aus deinen Händen: Leben und Sterben.
Laß mich bereit sein, wenn du mich rufst und laß mich
    geborgen
bleiben in deiner Liebe in Zeit und Ewigkeit. Amen.

Jürgen Martin

Du kannst nicht tiefer fallen

Du kannst nicht tiefer fallen als nur in Gottes Hand,
die er zum Heil uns allen barmherzig ausgespannt.
Es münden alle Pfade durch Schicksal, Schuld und Tod
doch ein in Gottes Gnade trotz aller unsrer Not.
Wir sind von Gott umgeben auch hier in Raum und Zeit
und werden in ihm leben und sein in Ewigkeit.

Arno Pötzsch

Gott, von dir sich abwenden, heißt: fallen;
zu dir sich hinwenden, heißt: auferstehen;
in dir bleiben, heißt: sicheren Bestand haben;
Gott, dich verlassen, heißt: sterben;
zu dir heimkehren, heißt: neu zum Leben erwachen;
in dir weilen, heißt: leben.

Augustinus

Herr, komm

Herr, komm und decke mich zu mit der Nacht. Breite deine
Gnade über uns aus, wie du verheißen hast. Deine Verheißungen
sind mehr als die Sterme am Himmel, deine Gnade ist tiefer als
die Nacht. Herr, es wird kalt. Die Nacht dieser Erde kommt mit
einem Hauch von Tod. Die Nacht kommt, das Ende kommt,
aber Jesus, dein Christus, kommt auch. Auf ihn warte ich, Herr,
durch Tag und Nacht.

Aus Afrika

Erdenschwer-federleicht

Erdenschwer, behaftet
mit dem Los
eines Menschenlebens.
Des Suchens, Fragens
und des Kämpfens müde,
falle ich in bange Nächte.
Im Stundenschlag enteilt die Zeit,
Abschiednehmen schmerzt.

Wer wärmt und hält mich;
wer hütet den glimmenden Docht?

Federleicht, entbunden
aller Sorgen, Pflichten.
Von der Schwere abgelöst,
streife ich durch heitere Gefilde,
weit wird der Raum,
loslassen befreit.

Federleicht und erdenschwer
bin ich.
Und einer wärmt und hält mich,
hütet den glimmenden Docht.

Werner Posner

Es ist vorbei.
Der Tod ließ sich Zeit.
Ich sehe immer das leere Gesicht.
Ich suche vergeblich nach Frieden auf ihrer Stirn,
nach einem versöhnlichen Zug um den Mund.

Nichts ist vorbei.
Weinen kann ich nicht.
Ich möchte, sie entließe mich,
schickte mich zu den Hyazinthen im Garten,
sagte, geh und tanz in den neuen Tag.
Sie selber lachte so gern.

Der Tod ließ uns Zeit.
Die Tage vergingen,
die Nächte auch ohne ein lösendes Wort.
Sie übersah meine zärtlichen Gesten,
überhörte meinen einladenden Ton,
geblendet vom Tod?
Wir blieben uns fremd.
In dem offenen Streit vor Jahren
da waren wir uns einmal gefährlich nahe.

Wie jemand gelebt hat, so stirbt er auch?
Sie blieb sich treu bis in den Tod.
Ich muß noch leben.
Was für ein Leben
mit ihren harten Augen im Nacken!
Wer löst den Bann?
Wer spricht mich frei?
Ich möchte weinen können
und dann sagen:
Ich darf noch leben.

Ich hoffe:
– an manchen Tagen eine taumelnde Zuversicht
– in vielen Nächten nur eine Botschaft,
  die man irgendwo nachlesen kann.
Gott versöhnt uns miteinander
irgendwann.
Wir sind versöhnt in Gott
schon jetzt.

Regine Huft

Dein Bogen in den Wolken

Dein Bogen in den Wolken
umspannt die Erde weit,
die Kleinen und die Großen
und jedes Menschen Zeit.

Der Bogen scheint zerbrechlich,
so unfaßbar und leicht,
wir können staunend ahnen,
wo Deine Liebe reicht.

Herr, laß uns sehen lernen,
wie schön Schöpfung ist,
in der wir sehen können,
wie Deine Güte mißt.

Kein Wesen hier auf Erden
ist dir, Herr Gott, zu klein.
Laß achten uns und ehren,
was uns kann Heimat sein.

So wird der Bogen endlich
zur Rettungsbrücke hier,
wo wir hinübergehen
gemeinsam, Herr, zu dir.

Gisela Rest-Hartjes

Dankbares Erinnern

*Gebet im Zusammenhang mit einer Andacht am Bett
einer Verstorbenen*

Herr, wir danken dir für das Leben von ...
Wir danken dir für alles, was du an ihr
und was du durch sie an ihrer Familie und so vielen Menschen
getan hast, die ihr nahestanden.
Wir danken dir, daß du ihr ein bewußtes Sterben
und eine bewußte und klare Hoffnung auf die Auferstehung
geschenkt hast.
Wir danken dir, daß wir alle, die wir jetzt um ihr Bett stehen,
von dieser Hoffnung in den letzten Wochen gezehrt und gelebt
haben.
Wir danken für die äußere und innere Kraft, die du allen denen
zur Verfügung gestellt hast, die ... bis zuletzt umsorgt und
gepflegt haben.
Nun bleibe mit deiner Kraft und deinem Trost bei ihnen!
Laß für sie die Fülle und Vollkommenheit des Lebens in
deinem künftigen Reich stärker sein als die Trauer und Leere
der Gegenwart.

Mit der Hilfe Jesu Christi, deines Sohnes, unseres Herrn, der gestorben ist und auferstanden und mit uns lebt bis in die Ewigkeit.
Amen.

Dietrich Mendt

Gebet beim (erwarteten) Tode eines einundzwanzigjährigen jungen Mannes, der durch einen Wasserkopf an schwerer geistiger Behinderung litt und im Rollstuhl saß

Herr, wir danken dir in dieser Stunde für das sanfte Sterben von unserem ...
Wir danken dir,
daß du durch ihn das Leben seiner Eltern
und von uns allen, die wir ihn kannten,
reich gemacht hast.
Wir danken dir,
daß du uns durch ihn gezeigt hast,
was es heißt zu leben,
und was es heißt, mit dir zu leben,
und was es heißt, in dir geborgen zu sein.
Nimm ihn in deiner Güte zu dir!
Laß ihn bleiben,
wozu du ihn in seiner Taufe gemacht hast: dein Kind!
Tröste jetzt seine Eltern,
und erfülle sie mit der Hoffnung und Zuversicht,
die immer von ... ausgegangen ist.
Zeige ihnen deinen Weg,
und zeige ihnen die Aufgabe,
die du ihnen nun zugedacht hast

und den Platz,
an dem sie mit an deinem Reich bauen dürfen und sollen,
bis sie eines Tages dich selbst erleben
und dich sehen, wie du bist.
Amen.

Dietrich Mendt

Gebet bei einer Verstorbenen

Gott, sie ist von uns gegangen.
Gleich werden laute geschäftige Schritte
die Stille zerstören.
All die Dinge, die getan werden müssen,
werden wichtig sein.
Fremde Hände werden sie berühren.
Sie werden uns trennen.
Jetzt gehören der Augenblick der Stille
und die letzte Gemeinsamkeit uns.
Und so möchte ich Abschied nehmen
und dir danken, Gott.
Ich danke dir für die Güte und Freundlichkeit,
für alle die Liebe und Mühe, die sie geschenkt hat.
Ihr herzhaftes Lachen werde ich vermissen.
Und wie gern habe ich ihren Apfelstrudel gegessen!
Ich streichle noch einmal über ihr Haar,
und ich bitte dich:
Laß sie ihren letzten Weg in Frieden gehen. Amen.

Ursel Heinz

Wir danken dir, Herr und Gott,

für diesen Menschen, der so nahe und
kostbar war und der aus dieser Welt von
uns gegangen ist.

Wir danken dir für alle Freundschaft,
die von ihm / ihr ausgegangen ist.
Für allen Frieden, den er / sie gebracht hat,
für alle Liebe, die er / sie geschenkt hat.

Wir danken dir, daß er / sie bei aller Vergänglichkeit
ein liebenswerter Mensch gewesen ist.

Wir bitten dich: Nichts von diesem Leben
möge je verlorengehen.
Was er / sie getan hat, soll wie ein Samenkorn
in die Erde gelegt sein und wachsen.
Laß alles, worin er / sie groß war, auch
weiterhin zu uns sprechen, gerade jetzt,
wo er / sie gestorben ist.
Laß uns deine Verheißung erkennen:
Auch im Tod wirst du uns treu sein.
Amen.

Hans Overkämping

Abschied und Neubeginn

Geleit

ich geh mit dir
diesen Weg
bis an's Ende deiner Welt
zeichne noch einmal
an Erinnerungsbildern
die Farben deines Lebens auf
diese kostbare Palette
deiner Liebe

ich hätte so gern
mit meiner Wunschdiagnose
die Tatsachen umgekehrt

hätte dir die Sterne
vom Himmel geholt
mein Bankkonto bis zum
Geht-nicht-mehr überzogen
wenn Lebenszeit
käuflich wäre

doch mir bleibt nur
dich zu begleiten
auf deinem Einbahnweg
bis hin zur Zeitgrenze

Ilse Kibgis

Wenn du jetzt gehst

Wenn du jetzt gehst, mein Kind, geh in der Gewißheit,
daß wir dich lieben.
Wenn du jetzt gehst, mein Kind, geh in der Gewißheit,
daß wir dich geleiten.
Wenn du jetzt gehst, mein Kind, geh dem Licht entgegen,
das dir zeigt, daß Gott auf dich wartet und dich zu neuem,
ewigem Leben ruft –
und wisse, daß du uns fehlen wirst.

Ute Riegas-Gundlach

Gebet mit einem Sterbenden

O Gott!
Mein Leben war schwer.
Du hast es mir schwer gemacht.
Schwer zu glauben, daß es deine Liebe war,
alles, was
mein Herz beschwerte.
Nun das Schwerste:
der Abschied von allem,
was mir lieb ist.
Ich bitte um dein Wunder:
Raube mir nicht das Leben –
löse mich,
daß ich los und frei werde
für das Neue
von dir.
Amen.

Karl Heinz Backofen

Gebet mit Angehörigen im Sterbezimmer nach dem Tod

Oh Gott, ... hat aufgehört zu atmen. Ihr / sein Leben ist zu Ende. Ihr / sein Tod ist im Raum. Wir halten inne und kommen zu dir. Wir überlassen dir ... zu treuen Händen. Nimm sie / ihn auf in deinen Frieden. Du ewiges Geheimnis, aus dem wir kommen und in das wir gehen, du göttliche Liebe.
Amen.

Berthild Boueke-von Waldthausen

Gebet bei einem Sterbenden

Ich lasse mich.
Ich lasse diesen Raum,
der nicht mehr Heimat ist,
lasse diese Zeit,
die mich formte, prüfte;
ich lasse die,
die mit mir sind,
und nach mir kommen –
ich lasse Gegner, Freunde,
Verluste und Gewinn,
Wunden, Wünsche,
Düfte, Blüten,
Bilder und Musik –
ich lasse mich
nun ganz und gar
in dein Erbarmen
fallen,
du mein Gott.

Werner Posner

Gott, … ist tot

Gott, … ist tot.
Sein / ihr Leben ist zu Ende, erloschen, hat aufgehört.
Unsere Worte reichen nicht aus für das, was geschehen ist
und was wir nun empfinden.
Hat er / sie sich aus dem Staub dieser Erde gemacht
und kehrt doch wieder dahin zurück?
Gott wir wollen … nicht vergessen:
dieses Gesicht, diese Stimme, sein / ihr Lachen und Weinen
und die Wege, die wir gemeinsam gegangen sind.
Und wir bitten dich:
Gedenke auch du seiner / ihrer!
Schenke ihm / ihr deine Treue und Zukunft,
deine Herrlichkeit.
Laß deine Verheißung in Erfüllung gehen:
»Ich lebe, und ihr sollt auch leben!«

Der Tod von … hat uns getroffen, und seine Last liegt auf uns,
wie ein schwerer Stein.
Wir suchen nach einer Kraft, die uns hilft, den Weg zu gehen,
den wir nun gehen müssen.
Wir suchen nach Menschen, die mit uns gehen:
die tröstende Worte sprechen und unsere Hoffnung stärken.
Gott, du hast diese Last auf uns gelegt,
du kannst auch helfen, sie zu tragen.
Du hast uns verwundet, du wirst auch heilen.
Dir strecken wir unsere Hände entgegen,
laß sie nicht ins Leere greifen.

Jürgen Martin

Gebete nach dem Sterben

Gott, nun muß ich Abschied nehmen von ...
Ich kann es noch nicht fassen, daß jetzt alles zu Ende ist: miteinander Reden und Schweigen, gemeinsames Tun und geteiltes
Leiden. Ich sage: Das kann doch nicht sein! Hilf mir, Gott! Hilf
mir, der Wahrheit standzuhalten, hilf mir trauern und die Trauer
überwinden, geduldig, Schritt für Schritt. Laß mich dankbar
werden für alles, was gewesen ist. Laß mich erkennen, was
bleibt. Und laß mich hoffen auf eine Zukunft bei dir!

> Gott, du hast gesagt:
> »Ich-werde-da-sein – das ist mein Name!«
> Wir bitten dich:
> Sei, der du bist, und tu, was du verheißen hast!
> Verlaß unsere/n Verstorbene/n nicht, und laß uns nicht.
> Sei der Gott, der mitgeht: durch unseren Schmerz,
> durch unser Weinen, durch diesen Tod in das Leben.

Jürgen Martin

Gott, wir spüren deine Gegenwart

Gott,
wir spüren deine Gegenwart in diesem Augenblick des
    Abschieds,
wir sehen deinen Schutz in dieser Trennung,
wir ahnen deine Liebe in dieser Endgültigkeit,
wir halten deine Hand, wo unsere Hände voneinander weichen,
wir bitten dich, sei uns ein gnädiger Vater.
Amen.

Reile Hildebrandt-Junge-Wentrup

Ich glaube

Ich glaube
an eine Bleibe für mich
hinter dem Horizont

Wohin kein Weh mich verfolgt
wo keine Sorge mich lähmt
wo keine Trauer mich drückt

Ich glaube
an eine Bleibe für mich
unter einem anderen Himmel

Befreit von Erdenschwere
auferstanden aus Asche
ich glaube an Siege über den Tod

Ich glaube
solange ich glauben kann
an etwas ganz Neues

Das noch kein Auge gesehen
kein Ohr erhorcht
keine Stimme besungen hat

Ich glaube
über das Leben hinaus
ans Leben

Annemarie Schnitt

Die Dunkelheit entweicht

Die Dunkelheit entweicht,
ein neuer Tag beginnt,
es ist ein Punkt erreicht,
der nachdenklich mich stimmt.
Ganz vorsichtig und noch voll Zagen,
betret' ich neues Land,
will erst kleine Schritte wagen,
zuviel ist unbekannt.
Den Weg, den muß ich finden,
der an mein Ziel mich bringt,
und viel mehr noch ergründen,
was jetzt die Sicht mir nimmt.
Und ist die Strecke noch so groß,
der Umweg noch so lang,
ich finde meine Richtung nur,
wenn's langsam gehen kann.
Und ganz in weiter Ferne,
jetzt sehe ich's noch nicht,
doch kann ich's jetzt schon ahnen,
erwartet mich ein Licht.

Heidi Kolberg

Noch einmal

Noch einmal dem Rauschen des Windes lauschen
einmal noch dem Gesang der Nachtigall
den Blick schweifen lassen über Meeresrauschen
von der Bergesspitze ins nebelverhangene Tal

das erste Sonnenlicht grüßen nach dem Dunkel der Nacht
den Tagesabschied in himmlischer Purpurpracht

Noch einmal liebkosen dürfen deine Haut
einmal noch den Duft deiner Nähe spüren
deine Stimme dein Lachen mein liebster Laut
die Kinder noch einmal sanft berühren
im Kreise meiner Freunde und Liebsten all
euch innig umarmen zum letzten Mal

Noch einmal um Verzeihung bitten
für Mißverständnisse und meine Unduldsamkeit
verbannt die Tränen aus euren Mitten
ich liebte euer Lachen eure Fröhlichkeit
besonders liebt' ich die stillen Dinge im Leben
eine Umarmung ein Blick ein freundliches Wort
das sollt ihr als engelleichtes Reisegepäck mir geben
auf dem Weg in die Freiheit die Weite nach Hause – dort

Gisela Rest-Hartjes

Neubeginn

Oh, Gott, du riefst ins Dasein mich
am Morgen meines Lebens
du riefst mich aus dem Nichts
ins Denken, Kämpfen, Sorgen,
ins Lachen, Weinen, Lieben.

Grausam war dieses Leben
und doch auch liebevoll,
schmutzig war es und rein,

voller Wüste und Öde
und belebt und bewachsen.

Uns hast du mitten hineingestellt
in dieses hastende Leben,
doch gabst du uns
deinen Ruf zur Ewigkeit.
Können wir deswegen hier nicht heimisch werden,
brennt uns der Boden unter den Füßen,
wird uns diese Erde zu eng?

Heißt diese Unruhe in uns Ewigkeit,
oder heißt sie Gott?
Wer sind wir, Gott,
und wer bist du?

Oh, Gott, du riefst ins Dasein mich
am Morgen meines Lebens.
Nun haben Jahre sich wie Ernte angehäuft,
die ich erfüllt abstreifen möchte,
voll Dankbarkeit in deine Hände lege
zum großen Neubeginn bei dir.

Gisela Rest-Hartjes

PSALMEN

Hinweise zur Verwendung von Psalmen und Psalmtexte

Für Sterbende ist es bei längerer Begleitung wichtig, daß sie immer dem gleichen Text begegnen, möglichst mit Versen, die haften bleiben und die sie für sich selbst beten und sprechen können. Ich habe Folgendes als eine Hilfe empfunden: Ich habe ausgesuchte Psalmen in vergrößerter Schrift mir Schreibmaschine oder PC auf Din A5-Bogen geschrieben und sie in eine durchsichtige Plastikhülle gesteckt. So nehmen sie nicht viel Platz weg, vor allem im Krankenhaus, und sie liegen ganz leicht in der Hand des Kranken (und nicht so schwer wie die Bibel). Außerdem konnte ich bei dieser Methode die Verse auswählen und schwer Verständliches weglassen, z. B. alle »Rache«- und »Gewalt«-Verse. Dabei habe ich entdeckt, daß sich für Christen, die im Glauben zu Hause sind, der Luthertext am besten eignet, für Menschen, die dem Glauben ferner stehen, aber die Übersetzung der Bibel in heutigem Deutsch.

Neben den bekannten Psalmen wie 23, 121 und 103 eignen sich zum Vorlesen besonders folgende Psalmtexte:
[2]Wie der Hirsch lechzt nach frischem Wasser, / so schreit meine Seele, Gott zu dir.
[3]Meine Seele dürstet nach Gott, / nach dem lebendigen Gott. Wann werde ich dahin kommen, / daß ich Gottes Angesicht schaue?
[4]Meine Tränen sind meine Speise Tag und Nacht, / weil man täglich zu mir sagt: Wo ist nun dein Gott?
[5]Daran will ich denken / und ausschütten mein Herz bei mir selbst:
[a]wie ich einherzog in großer Schar, / mit ihnen zu wallen zum Hause Gottes
mit Frohlocken und Danken / in der Schar derer, die da feiern.

⁶Was betrübst du dich, meine Seele, / und bist du so unruhig in mir?

Harre auf Gott; denn ich werde ihm noch danken, / daß er meines Angesichts Hilfe und mein Gott ist.

⁷Mein Gott, betrübt ist meine Seele in mir, darum gedenke ich an dich / aus dem Land am Jordan und Hermon, vom Berge Misar.

⁸Deine Fluten rauschen daher, und eine Tiefe ruft die andere; / all deine Wasserwogen und Wellen gehen über mich.

⁹Am Tage sendet der Herr seine Güte, / und des Nachts singe ich ihm und bete zu dem Gott meines Lebens.

¹⁰Ich sage zu Gott, meinem Fels: / Warum hast du mich vergessen?

Warum muß ich so traurig gehen, /wenn mein Feind mich dränget?

¹¹Es ist wie Mord in meinen Gebeinen, wenn mich meine Feinde schmähen / und täglich zu mir sagen: Wo ist nun dein Gott?

¹²Was betrübst du dich, meine Seele, / und bist so unruhig in mir?

Harre auf Gott; denn ich werde ihm noch danken, / daß er meines Angesichts Hilfe und mein Gott ist.

Psalm 42, 2 – 12

²Gott, du bist mein Gott, den ich suche. / Es dürstet meine Seele nach dir, mein ganzer Mensch verlangt nach dir / aus trockenem, dürren Land, wo kein Wasser ist.

³So schaue ich aus nach dir in deinem Heiligtum, / wollte gerne sehen deine Macht und Herrlichkeit.

⁴Denn deine Güte ist besser als Leben; / meine Lippen preisen dich.

⁵So will ich dich loben mein Leben lang / und meine Hände in deinem Namen aufheben.

⁶Das ist meines Herzens Freude und Wonne, / wenn ich dich mit fröhlichem Munde loben kann;

⁷ wenn ich mich zu Bette lege, so denke ich an dich, / wenn ich wach liege, sinne ich über dich nach.
⁸ Denn du bist mein Helfer, / und unter dem Schatten deiner Flügel frohlocke ich.

Psalm 63, 2–8

²³ Dennoch bleibe ich stets an dir; / denn du hältst mich bei meiner rechten Hand,
²⁴ du leitest mich nach deinem Rat / und ᵃ nimmst mich am Ende mit Ehren an.
²⁵ Wenn ich nur dich habe, / so frage ich nicht nach Himmel und Erde.
²⁶ Wenn mir gleich Leib und Seele verschmachtet, / so bist du doch, Gott, allezeit meines Herzens Trost und mein Teil.
²⁷ Denn siehe, die von dir weichen, werden umkommen; / du bringst um alle, die dir die Treue brechen.

Psalm 73, 23–27

² Ich rufe zu Gott und schreie um Hilfe, / zu Gott rufe ich, und er erhört mich.
³ In der Zeit meiner Not suche ich den Herrn; meine Hand ist des Nachts ausgereckt und läßt nicht ab; / denn meine Seele will sich nicht trösten lassen.
⁴ Ich denke an Gott – und bin betrübt; / ich sinne nach – und mein Herz ist in Ängsten.
⁵ Meine Augen hältst du, daß sie wachen müssen; / ich bin so voll Unruhe, daß ich nicht reden kann.
⁶ Ich gedenke der alten Zeit, / der vergangenen Jahre.
⁷ Ich denke und sinne des Nachts und rede mit meinem Herzen; / mein Geist muß forschen.
⁸ Wird denn der Herr auf ewig verstoßen / und keine Gnade mehr erweisen?

⁹ Ist's denn ganz und gar aus mit seiner Güte, / und hat die Verheißung für immer ein Ende?

¹⁰ Hat Gott vergessen, gnädig zu sein, / oder sein Erbarmen im Zorn verschlossen?

¹² Ich sprach: Darunter leide ich, / daß die rechte Hand des Höchsten sich so ändern kann.

¹² Darum denke ich an die Taten des Herrn, / ja, ich denke an deine früheren Wunder

¹³ und sinne über alle deine Werke / und denke deinen Taten nach.

¹⁴ Gott, dein Weg ist heilig. / Wo ist ein so mächtiger Gott, wie du, Gott, bist?

¹⁵ Du bist der Gott, der Wunder tut, / du hast deine Macht bewiesen unter den Völkern.

Psalm 77, 2 – 15

Ich liebe den Herrn, denn er hört / die Stimme meines Flehens.

² Er neigte sein Ohr zu mir; / darum will ich mein Leben lang ihn anrufen.

³ Stricke des Todes hatten mich umfangen, des Totenreichs Schrecken hatten mich getroffen; / ich kam in Jammer und Not.

⁴ Aber ich rief an den Namen des Herrn: / Ach, Herr, errette mich!

⁵ Der Herr ist gnädig und gerecht, / und unser Gott ist barmherzig.

⁶ Der Herr behütet die Unmündigen; / wenn ich schwach bin, so hilft er mir.

⁷ Sei nun wieder zufrieden, meine Seele; / denn der Herr tut dir Gutes.

⁸ Denn du hast meine Seele vom Tode errettet, / mein Auge von den Tränen, meinen Fuß vom Gleiten.

⁹ Ich werde wandeln vor dem Herrn / im Lande der Lebendigen.

¹⁰ Ich glaube, auch wenn ich sage: / Ich werde sehr geplagt.

¹¹ Ich sprach in meinem Zagen: / Alle Menschen sind Lügner.

¹² Wie soll ich dem Herrn vergelten / all seine Wohltat, die er an mir tut?

¹³ Ich will den Kelch des Heils nehmen / und des Herrn Namen anrufen.
¹⁴ Ich will meine Gelübde dem Herrn erfüllen / vor all seinem Volk.

Psalm 116, 1–14

¹ Herr, du erforschest mich / und kennest mich.
² Ich sitze oder stehe auf, so weißt du es; / du verstehst meine Gedanken von ferne.
³ Ich gehe oder liege, so bist du um mich / und siehst alle meine Wege.
⁴ Denn siehe, es ist kein Wort auf meiner Zunge, / das du, Herr, nicht schon wüßtest.
⁵ Von allen Seiten umgibst du mich / und hältst deine Hand über mir.
⁶ Diese Erkenntnis ist mir zu wunderbar und zu hoch, / ich kann sie nicht begreifen.
⁷ Wohin soll ich gehen vor deinem Geist, / und wohin soll ich fliehen vor deinem Angesicht?
⁸ Führe ich gen Himmel, so bist du da; / bettete ich mich bei den Toten, siehe, so bist du auch da.
⁹ Nähme ich Flügel der Morgenröte / und bliebe am äußersten Meer,
¹⁰ so würde auch dort deine Hand mich führen / und deine Rechte mich halten.
¹¹ Spräche ich: Finsternis möge mich decken / und Nacht statt Licht um mich sein,
¹² so wäre auch Finsternis nicht finster bei dir, / und die Nacht leuchtete wie der Tag. Finsternis ist wie das Licht.

Psalm 139, 1–12

Dietrich Mendt

Paraphase über Psalm 6

als Gebet eines / mit einem Sterbenden

Ach Gott, blicke nicht voller Zorn auf mich, und bestrafe mich
nicht, indem du dich vor mir verbirgst.

Wende dich mir zu, denn meine Schwachheit ist groß;
mein Körper ist geschunden, nur du kannst helfen.

Auch mein Innerstes ist zerrissen;
lange schon warte ich auf dich.

Ach Gott, wende dich mir zu;
umfange mich mit deiner bergenden Liebe.

Im Tode versagt meine Stimme;
werde ich dich dann noch rufen können?

Ich bin erschöpft und kraftlos;
umgeben von Trauer und Tränen ist mein Lager.

Meine Augen haben ihren Glanz verloren;
ich habe keinen Mut mehr, um mich aufzuraffen.

Aber Gott läßt mich nicht allein; er ist stärker als alles,
was mir jetzt zu schaffen macht.

Gott hört mich;
mein Rufen ist nicht vergeblich.

Alles wird weichen und fliehen,
und ich werde ganz bei Gott sein.

Willi Everding

Herr, lehre mich doch

Herr, lehre mich doch, daß es ein Ende mit mir haben muß
und mein Leben ein Ziel hat und ich davon muß.

Siehe, meine Tage sind eine Handbreit bei dir,
und mein Leben ist wie nichts vor dir.

Wie gar nichts sind alle Menschen,
die doch so sicher leben!

Sie gehen daher wie ein Schatten
und machen sich viel vergebliche Unruhe;

sie sammeln und wissen nicht,
was es einbringen wird.

Nun, Herr, wessen soll ich mich trösten?
Ich hoffe auf dich.

Ich will schweigen und meinen Mund nicht auftun;
denn du hast es getan.

Höre mein Gebet, Herr, und vernimm mein Schreien,
schweige nicht zu meinen Tränen;

denn ich bin ein Gast bei dir,
ein Fremdling wie alle meine Vorfahren.

nach Psalm 39

Gott, sei mir gnädig

Gott, sei mir gnädig nach deiner Güte,
und tilge meine Sünden nach deiner großen Barmherzigkeit.

Schaffe in mir, Gott, ein reines Herz,
und gib mir einen neuen beständigen Geist.

Verwirf mich nicht von deinem Angesicht,
und nimm deinen heiligen Geist nicht von mir.

Erfreue mich wieder mit deiner Hilfe,
und mit einem willigen Geist rüste mich aus.

nach Psalm 51

Wir bitten dich um deine Hand

Gott,
wir bitten dich um deine Hand,
um deine Hand, die unsere Hände hält,
die uns trägt, die uns stützt,
in diesem Zusammensein voller Vertrauen und voller Trauer,
in der Stille, die sich um uns legt,
in diesem Augenblick, in dem das Atmen schwer fällt.
Wir sehen deine Hand – offen – schützend,
wir bitten dich, bleib du bei uns.
Amen.

nach Psalm 73

Reile Hildebrandt-Junge-Wentrup

Herr, höre mein Gebet

Herr, höre mein Gebet,
und laß mein Schreien zu dir kommen!

Verbirg dein Anlitz nicht vor mir in der Not,
neige deine Ohren zu mir;
wenn ich dich anrufe, so erhöre mich bald!

Ich bin wie die Eule in der Einöde,
wie das Käuzchen in den Trümmern.

Ich wache und klage
wie ein einsamer Vogel auf dem Dache.

Meine Tage sind dahin wie ein Schatten,
und ich verdorre wie Gras.

Du aber Herr, bleibst ewiglich
und dein Name für und für.

Denn Gott schaut von seiner heiligen Höhe,
der Herr sieht vom Himmel auf die Erde,

daß er das Seufzen der Gefangenen höre
und losmache die Kinder des Todes.

nach Psalm 102

Paraphrase über Psalm 130

als Gebet über einer / einem gerade Gestorbenen

Gott, aus dieser Dunkelheit heraus erhebe ich meine Stimme! Höre mich! Verschließ nicht deine Ohren! Laß mich doch nicht vergeblich rufen!

Auch wenn wir uns immer wieder von dir abwenden und an dir zweifeln, läßt du uns doch nicht fallen.

Statt dessen gehst du uns nach, weil du in unserer Nähe sein willst.

Jetzt setze ich meine Hoffnung nur auf dich. Mein Innerstes sehnt sich nach deinem Zuspruch, möchte sich zu dir hin flüchten.

Ich warte voll Verlangen darauf, daß ich von dir eine Spur deiner Liebe erkennen kann.

Mit mir warten viele Menschen auf deine Zuwendung. Nur von dir kann die Kraft kommen, die ich jetzt brauche.

Ja, ich bin gewiß, daß auch dieser Tod uns nicht von dir und deiner Liebe zu trennen vermag.

Willi Everding

ANDACHTEN UND FEIERN

Gebet mit und bei Sterbenden und ihren Angehörigen

Wenn die Familie mir fremd ist, versuche ich ein kurzes Gespräch mit den Angehörigen und fasse dann die Situation in folgende Worte:

Unser Gott,
wir haben uns versammelt bei ..., weil uns das Herz ganz schwer ist. Wir spüren, daß die Stunde kommt, in der wir voneinander Abschied nehmen müssen. Das fällt uns so schwer, und deswegen rufen wir dich an, daß du uns beistehen mögest.
Es ist uns auch das Herz schwer von vielem:
Wir halten inne und blicken zurück auf die hinter uns liegenden Jahre. Wir danken dir für all das Gute und Schöne, das wir mit ... erleben durften: sich zu finden, eine Familie zu gründen, das Aufwachsen der Kinder, schwere Zeiten gemeinsam durchgestanden zu haben.
Wir sagen Dank, daß es ... gibt.
Gleichzeitig ist uns das Herz schwer von dem, was wir einander schuldig geblieben sind, was wir einander nicht haben sagen oder geben können. Das übergeben wir deiner Gnade und Barmherzigkeit: Vergib uns allen, o Gott. Befreie uns von unserer Schuld, und sei bei uns, daß wir nun unseren Weg mit deinem Beistand weitergehen können.
Sei für ... der Gute Hirte, der die Seinen kennt und aufnimmt.
(Oder: Sei für ... wie ein Vater oder eine Mutter, die die Ihren in ihr Haus aufnimmt.)
Amen

Gemeinsam: Vater unser im Himmel ...

Es segne dich Gott der Vater, der dich nach seinem Ebenbild geschaffen hat. Es segne dich Gott der Sohn, der dich durch sein Leiden und Sterben erlöst hat. Es segne dich Gott der Heilige Geist, der dich zu seinem Tempel bereitet und geheiligt hat.

Der treue und barmherzige Gott geleite dich durch seine Engel in das Reich, da die Seinen ihn ewig preisen. Unser Herr Jesus Christus sei bei dir, daß er dich beschütze. Der Heilige Geist sei mit dir, daß er dich erquicke. Der Dreieinige Gott sei dir gnädig und segne dich zum ewigen Leben.

Amen.

Lore Kress-Lembke

Abendmahlsfeier im Familienkreis im Haus eines Todkranken

Begrüßung:
Sie alle haben sich heute abend aufgemacht und sich hier versammelt, um miteinander das Abendmahl zu feiern. Ich wünsche uns nun für unsere Mahlgemeinschaft, daß sich die Liebe Gottes in ihr durch alle erfahrene Bedrängnis hindurch Bahn bricht, uns tröstet und belebt.

Lied
Nun wollen wir singen das Abendlied ...

Unser Abendgebet steige auf zu dir, o Gott,
und es senke sich auf uns herab dein Erbarmen.
Dein ist der Tag, und dein ist die Nacht.
Laß, wenn des Tages Schein verlischt,
das Licht deiner Wahrheit uns leuchten.

Geleite uns in die Ruhe der Nacht,
und umhülle uns mit deinem Frieden.
Amen.

Gebet:
Guter Gott, wir haben uns heute abend zusammengefunden, um
untereinander und mit dir verbunden zu sein. So kommen wir
vor dein Angesicht mit allem, was uns beschwert, womit wir uns
herumschlagen, was uns mürbe und fertig macht. Wir können
nicht mehr.

Wir bringen dir die Sorgen, die sich uns immer wieder neu
aufdrängen: die Trauer um das ungelebte Leben unseres Kindes
und Enkels (ein Baby war vor kurzem in dieser Familie verstor-
ben), die Ängste, die uns immer neu aufschrecken, die Schmerzen und das zornige Nicht-Verstehen der Rätsel unseres Lebens.
Wir bringen dir auch unsere Schwäche und die Augenblicke, in
denen wir vermeintlich oder wirklich versagt haben.

O Gott, es ist nicht leicht, dies alles loszulassen, wo es uns
doch dauernd umtreibt. Aber wir sehnen uns danach, frei zu
werden. Nimm es uns ab, und fang uns auf. Wir kommen zu dir,
mühselig und beladen. Erquicke uns mit deiner Barmherzigkeit.
Amen.

Psalm 126 im Wechsel zwischen Pastor / in und Familie:
P: Wenn Gott die Gefangenen Zions erlösen wird,
    so werden wir sein wie die Träumenden.
F: Dann wird unser Mund voll Lachens
    und unsere Zunge voll Rühmens sein.
P: Da wird man sagen unter den Heiden:
    Gott hat Großes an ihnen getan.
F: Gott hat Großes an uns getan;
    des sind wir fröhlich.
P: Gott, bringe wieder unsere Gefangenen,
    wie du die Bäche wiederbringst
    im vertrockneten Land.

F. Die mit Tränen säen,
    werden mit Freuden ernten.
P: Sie gehen dahin und weinen und tragen edlen Samen
    und kommen mit Freuden und bringen ihre Garben.
F und P: Amen.

Kurzpredigt zu 1. Joh 4, 9:
vom Todkranken gewünscht
Darin ist erschienen die Liebe Gottes unter uns, daß Gott seinen
eingeborenen Sohn gesandt hat in die Welt, daß wir durch ihn
leben sollen.

Liebe Familie ...
In dieser Situation dieses Wort. Geht und paßt denn das zusammen? Hier eine monate-, ja, jahrelange Krankheit, die dem Kranken buchstäblich die Luft ausgehen läßt und die die Familie in Atem hält, und dort die Zusage: Wir sollen leben. Hier der Verlust des Kindes und dort der Glaube an Gottes Liebe. Widerspricht sich das nicht gründlich?

Ich finde es nicht nur verständlich, sondern auch geradezu notwendig, daß Sie da Ihrem Herzen und Ihren Gefühlen Luft machen und sagen: So nicht! Nicht mit mir! Denn es gibt keinen größeren Widerspruch als den: eine heimtückische Krankheit, die ich meinem ärgsten Feind nicht wünsche, und die Liebe. Ein totes Kind und der Wunsch nach Leben. Wenn wir uns im Namen des Glaubens den Widerspruch, das Aufbegehren, das Klagen und Anklagen und die Trauer verbieten, erwächst aus diesem Verbot keine Liebe und kein Leben. Ein solches Verbot bringt nichts anderes hervor als eine verkrampfte, abgerungene Leistung und eine tödlich fromme Verdrängung.

Und doch kann es vorkommen, daß in einem Menschen und in einer Familie beides einen Raum bekommt: die Krankheit *und* die Liebe, der Verlust eines Kindes *und* das Leben. Und es kann sein, daß gerade dort, wo Glaube, Liebe und Leben am schlimmsten gefährdet sind, sie sich am klarsten und widerstandsfähigsten erweisen. Nicht dort, wo ich mich klaglos und widerspruchslos füge, entwickeln sie sich. Vielmehr erfahre ich dort, wo ich mir ein Herz nehme und mich in meiner Schwäche, meinem Schmerz und Zorn jemandem zumute: Ich werde nicht abgewiesen. Denn daran erweist sich doch echte Liebe, daß sie dem standhält, der es ihr schwer macht. Daran erweist sich doch das echte Leben, daß es dem Tod nur das vorletzte Wort läßt. Daran erweist sich doch Gottes Treue, daß er nicht hoch über den Beschwernissen steht, die uns zu Boden werfen, sondern daß er sich in sie hinabbegibt und sie mit uns teilt.

Ich bin sicher, liebe Familie ..., daß Sie wissen, wovon ich spreche. In Ihrer Familie wird viel gelitten. Aber mir scheint, es wird auch viel geliebt und Leid miteinander geteilt. Jedesmal, wenn ich mit Ihnen, Herr ..., gesprochen habe, war von der Bedrängnis Ihrer Krankheit die Rede. Aber jedesmal brachten Sie auch zur Sprache, wieviel Hilfe der Beistand Ihrer Familie Ihnen bedeutet. Und wenn Sie heute abend sich alle aufgemacht haben, zum Abendmahl zusammenzukommen, dann ist das wohl der schönste Ausdruck dieser Verbundenheit.

Aber mir scheint, auch der Zusammenhalt einer Familie kann und darf nicht ein und alles sein. Wir können einander wohl unser Ohr leihen, aber wir können und dürfen darüber nicht unser eigenes Leben vergessen. Gott will, daß wir leben. Gott will, daß jeder und jede von uns das eigene Leben lebt. Gott will jeden und jede von uns auf eine eigene Weise lieben. Zum Leben gehört beides: uns an den Händen halten *und* einander freigeben. Tröstlich ist es zu wissen, daß wir füreinander da sind. Aber tröstlich ist es auch zu wissen: Jeder und jede von uns findet schon den Weg. Und mir scheint, auch dazu will Sie heute Abend dieser Vers aus dem Johannes-Brief und das Abendmahl ermutigen, einander freizugeben. »Dazu ist erschienen die Liebe Gottes unter uns, daß Gott seinen eingeborenen Sohn gesandt hat in die Welt, daß wir durch ihn leben sollen.« Dieser Satz läßt Sie doch auch voneinander wissen: Gott geht mit einem jeden und einer jeden von Ihnen in Ihr eigenes Leben. Sie gehen nicht ins Unheil, wenn Sie wieder auseinandergehen, sondern Sie gehen hinein in Gottes Verheißung der Liebe und des Lebens. Das Abendmahl war eine Feier der Gemeinschaft, wie sie tiefer nicht möglich ist. Und es war zugleich auch eine Feier des Abschieds, wie er tiefer nicht ist. – Gott schenke Ihnen heute Abend die Liebe, die Sie einander verbunden sein *und* die Sie einander freigeben läßt, die Sie leben läßt. Amen.

Du Morgenstern, du Licht vom Licht (EG 74)

Einleitung des Abendmahls im Wechsel
Pfarrerin: Mitten in Hunger und Krieg
feiern wir, was verheißen ist: Fülle und Frieden.
Familie: Mitten in Drangsal und Tyrannei
feiern wir, was verheißen ist: Hilfe und Freiheit.
Pfarrerin: Mitten in Zweifel und Verzweiflung
feiern wir, was verheißen ist: Glauben und Hoffnung.
Familie: Mitten in Furcht und Verrat
feiern wir, was verheißen ist: Freude und Treue.
Pfarrerin: Mitten in Haß und Tod
feiern wir, was verheißen ist: Liebe und Leben.
Familie: Mitten in Sünde und Hinfälligkeit
feiern wir, was verheißen ist: Rettung und Neubeginn.
Familie mit Pfarrerin: Mitten im Tod, der uns von allen Seiten
    umgibt,
feiern wir, was verheißen ist
durch den lebendigen Christus.

Abendmahlsfeier

Segen:
Gott sei vor dir,
um dir den rechten Weg zu zeigen.
Gott sei neben dir,
um dich in die Arme zu schließen
und dich zu schützen.

Gott sei hinter dir,
um dich zu bewahren
vor der Heimtücke böser Menschen.

Gott sei unter dir,
um dich aufzufangen, wenn du fällst.

Gott sei in dir,
um dich zu trösten, wenn du traurig bist.

Gott sei um dich herum,
um dich zu verteidigen,
wenn andere über dich herfallen.

Gott sei über dir,
um dich zu segnen.
So segne dich der gütige Gott.
Amen.

Segensgebet 4. Jh., irisch
Berthild Boueke-von Waldthausen

Abendmahlsfeier mit einer Sterbenden

Der Aufnahmeliste im Krankenhaus entnehme ich, daß eine Patientin zwei
Tage vor ihrem Geburtstag zur stationären Behandlung eingeliefert wurde.
Das läßt auf eine unaufschiebbar notwendige Therapie schließen. Ich gehe
auf die Station, um die Patientin zu besuchen. Sie freut sich, daß ich komme,
erzählt, daß sie übermorgen, am Tag nach ihrem Geburtstag, operiert werden muß. Sie spricht vom Tod ihres Mannes vor ein paar Monaten. Schein-
bar beiläufig schließt sie an: »Machen Sie hier auch Gottesdienste?« Ich
verstehe und biete ihr eine Abendmahlsfeier zu ihrem Geburtstag an. Sie
freut sich, und wir verabreden den Termin. Sie hofft, daß eine ihrer Töchter,
die nicht berufstätig ist, anwesend sein kann. Als ich am nächsten Tag

komme, sind beide Töchter zugegen. Ich begrüße Frau ... und gratuliere ihr. Ich begrüße die Töchter. Ich gehe im Zimmer umher, sage den Mitpatientinnen »Guten Tag« und bedanke mich für die Rücksichtnahme, die eine solche Feier kostet. Ich schenke allen Anwesenden eine Meditationskarte »Fußspuren im Sand«. Wir gruppieren uns um das Bett, bilden eine Nische um die Kranke. Gemeinsam decken wir die Essensplatte des Nachttisches zu einem Abendmahlstisch. Wir schmücken unseren Altar mit Kerzen und mit den Geburtstagsblumen. Unvergeßlich ist mir eine kleine Geste. Während ich meine Bücher und das Abendmahlsgerät auslege, nimmt Frau ... das Bild ihres Mannes, stellt es mit Überlegung, erst zögernd, dann mit entschiedener Bewegung, nein, nicht auf den Abendmahlstisch, aber daneben. Da gehört er hin! Er gehört dazu! Dann lehnt sie sich gelassen zurück und nimmt gefaßt und gesammelt an der Feier teil. Ein paar Tage später ist sie tot.

Begrüßung und Einstimmung:
Ich begrüße Sie im Namen Gottes.

Ich habe Ihnen eine Karte geschenkt »Fußspuren im Sand«. Nehmen Sie sie doch noch einmal zur Hand und betrachten Sie sie. Fußspuren zeigen einen Weg, den ein Mensch gegangen ist. Vielleicht hat dieser Mensch das Gehen im Sand auf dem körnigen Grund als leicht, als angenehm empfunden. Der Sand schmiegte sich sanft an den Fuß und streichelte die Sohle. Vielleicht aber war für den Wanderer das Stapfen und Wieder-Einsinken mühsam. Unsere Wege sind verschieden. Unser Erleben ist verschieden. Gutes, Schönes, aber auch Schweres, alles gehört zu unserem Leben dazu. Und so fragen wir immer wieder: Wie können wir unseren Weg gehen? Können wir sagen, daß Gott uns begleitet? Dürfen wir hoffen, daß Gott uns hilft, unsere Wege zu gehen, wenn wir allein den Weg nicht schaffen? Dürfen wir Gottes Spuren in unserer Spur finden?

Ich lese Ihnen den Vers eines Liedes vor, das Sie sicher gut kennen: *Befiehl du deine Wege (EG 361).*

Paul Gerhardt hat dieses Lied nach einem Vers der Bibel, einem Psalmvers, geschrieben. Diesen Vers wollen wir als Leitspruch unserem Gottesdienst voranstellen: Befiehl dem Herrn deinen Weg und hoff auf ihn, er wird's wohl machen (Ps 37,5).

Eingangsgebet:
Gott, viele Wege sind unsere Füße gelaufen. An einem solchen Tag finden die Gedanken zurück, und wir sehen in unserer Erinnerung die Orte wieder, die wir bewohnt, die Straßen, die wir gegangen, und die Menschen, denen wir begegnet sind. Manche Wege sind wir leichten Schrittes gewandert, und die Hindernisse schoben sich zur Seite. Der Pfad kam uns entgegen, und die Zukunft öffnete sich. Für das Gute, das wir erlebt haben, danken wir.

Gott, manche Wege aber mußten wir uns mühsam schleppen, und wir stolperten den Pfad. Wir mußten, nicht nur im Bild gesprochen, über Trümmer steigen.

Gott, wir haben dich nicht immer auf unseren Straßen gefunden. Wir konnten nicht immer sagen, daß wir durch den Schmerz geläutert und durch das Leid reifer geworden sind. Wir haben manchmal nach dir gefragt und nach deiner Gegenwart und Führung in unserem Leben geseufzt: Wo bleibst du, Gott?

Wir fragen auch jetzt: Wo bist du, wenn unser Schicksal uns schwere Wege aufträgt, wenn wir gar dunkle Pfade gehen müssen? Wir wissen, daß wir stets in eine Zukunft gehen, die wir nicht kennen. Wo bist du, wenn diese Zukunft wie ein finsterer Schacht sich aufbaut?

Wir klagen dir unsere düsteren Gedanken.
Wir klagen dir unseren Zweifel.
Bist du der Gott, an den wir gelernt haben zu glauben?
Bist du die Luft, die den Atem gibt,
das Wasser, das den Durst löscht, der Tag, der die Finsternis vertreibt?
Bist du die Sonne, die die Keime hervorruft?
Oder bist du nichts als eine wohlklingende Vertröstung,
ein Trugbach, ein versickerndes Rinnsal, das nicht hält, was es verspricht?
Gott, wir haben Angst.

Predigt über Psalm 23:
Liebe Mitchristinnen!
Ein Mensch blickt zurück auf seine Jahre. Er fragt nach sich und seinem Leben. Dieser Mensch hat nicht nur gute Tage erlebt. Er kennt das Leid. Er kennt Mangel und Not. Er weiß, daß es nicht immer einfach ist, den rechten Weg zu finden. Er weiß, daß man abirren, sich verirren, den Weg verlieren kann. Er sieht, daß manchmal das Leben durch dunkle Schluchten, durch Tiefen der Angst und der Finsternis führt. Und der Mensch fragt nach seinem Gott.

So könnte die Situation gewesen sein, als der Psalm entstand. Ein Mensch fragt nach seinem Leben, er blickt in seine Geschichte und fragt nach seinem Gott. Wo ist der Gott meiner Väter, meiner Mütter, an den ich gelernt habe zu glauben? Wo war er, als die Ängste über mir zusammenschlugen, als ich Not litt und Schmerzen, als die Feinde mich bedrängten? War Gott auch da in meinem Leben gegenwärtig? Ist Gott mit mir in meiner Geschichte gegangen, auch wenn ich ihn nicht spüren konnte? Hat Gott die Sorge und vielleicht auch die Schuld mit mir geteilt? Und wo ist Gott jetzt, wenn ich jetzt mein Leben zu verstehen suche?

Wir alle gehen durch unsere Jahre und tragen die Erfahrungen mit uns, und manchmal, wenn wir innehalten, wie in einer solchen Stunde, fragen wir: Wo ist da Sinn? Wir gehen unseren Weg, und wir wissen nicht die Entwicklung unseres Lebens. Wir tappen umher wie in der Dunkelheit. Wir möchten die Gegenwart Gottes in unserem Leben gern erkennen. Wir möchten Gott auf den Pfaden unseres Lebens begegnen. Wir möchten, gerade da wir ihn lieben, seinen Sinn sehen. Wir möchten unser Leben verstehen und es in einen Zusammenhang einordnen. Wir sehen die guten Zeiten, die Tage des Glücks und der Erfüllung. Doch wo war Gott, als wir das Leid erleben mußten, als die Krankheit anklopfte und sich Raum nahm, als der Tod die Gemeinschaft zerstörte? Wo war Gott, als unser Gestammel, unser Bitten und Flehen sich in unserem Mund verlor? Wir sind durch unsere Jahre geschritten, und wir finden die Abdrücke Gottes in unserem Leben nicht.

Liebe Mitchristinnen, der Psalmist stellt dieselben Fragen wie wir, und er versucht eine Antwort. Er gibt diese Antwort in meditativen Bildern. Das sicher bekannteste Bild ist: Schafe gehen ihren Weg durch eine düstere Felsenschlucht. Die Schafe können ihren Weg nicht sehen. Sie wandern in einem finsteren Tal. Sie können auch den Hirten, der mitgeht, nicht erkennen. Sie gehen aber ihren Weg ohne Furcht, denn sie hören das Aufsetzen des Hirtenstabes auf dem felsigen Untergrund. Und sie begreifen, der Hirte mit seinem Wanderstab und mit dem Stecken, mit dem er die Herde gegen die wilden Tiere verteidigt, begleitet sie.

Liebe Mitchristinnen, haben wir, wenn wir nachdenken, in der Entwicklung unseres Lebens nicht dieselben Erfahrungen gemacht, die der Psalmist beschreibt? Wir haben Gott nicht immer in unserem Leben gefunden. Wir haben manchmal nach seiner Gegenwart geseufzt und uns nach seiner heilenden Wirklichkeit gesehnt. Wir haben geklagt und gefragt: Wo bist du, Gott? Warum kommst du nicht, um uns den Geschehnissen zu entreißen, die uns bedrohen? Warum führst du uns nicht aus der Gefährdung heraus? Wir haben geseufzt und gefragt, und wir sind weitergegangen von Station zu Station, von einer Situation unseres Lebens in die andere. Wir haben die Entwicklung unseres Lebens erfahren.

Und wir sind dabei gewachsen. Wir haben unser Brot gegessen. Wir haben von dieser Erde gezehrt, von ihrer Nahrung, ihrer Keimkraft, ihrer Sonne, ihrer Luft. Wir haben die Lebensmöglichkeit gefunden, die wir brauchten: das Brot, die Wärme, die Kleidung, all die nützlichen und all die schönen Dinge, die unser Leben sicherten und es reich machten. Wir haben auch die Menschen getroffen, die uns zum Leben halfen. Wir haben Liebe gegeben und genommen. Und wir sind in unseren Beziehungen gereift.

Wir haben nicht nur die guten Zeiten genommen, gewiß nicht. Wir haben auch die Trauer, das Leid, die Zurückweisung erlebt. Gerade da wir liebten, mußten wir mit den Schmerzen der Trennung für alles Glück bezahlen. Wir mußten abgeben, was unseres Lebens Freude war. Doch auch durch diese Erfahrungen sind wir gereift. Haben wir nicht bei allem Schmerz gemerkt, daß unser Gepäck wuchs, auch wenn wir verloren? Wir sind reicher geworden, wir haben an der Fähigkeit gewonnen, uns einzufühlen und mitzuleiden. Gerade durch die schmerzhaften Erfahrungen wurden wir herausgefordert, seelische Arbeit zu leisten, Schritte zu unserer Entwicklung zu tun. Und wir haben von Station zu Station den Schritt zu einer weiteren Entfaltung unseres Lebens getan.

So sind wir durch unsere Jahre gegangen. Wir sind darin gewachsen und zu größerer Reife gelangt. Und manchmal in den Stunden des Glücks, wenn das Wort der Zärtlichkeit zwischen den Silben brach, oder gerade in den Stunden des Leidens, wenn das Leid uns niederdrückte und wir doch zugleich die fremde Hand auf unserer spürten, war da eine Ahnung, daß alle Erfüllung, die wir schenken, ein Bild ist für Heilung und Sättigung, auf die wir zugehen.

Liebe Mitchristinnen, dürfen wir nicht sagen, wir haben die Spuren Gottes in unserem Leben gefunden? Und wenn das so ist, wenn wir erkennen, daß Gott unser Leben begleitet, dürfen wir vertrauen, daß Gott weiter mit uns geht, auch wenn unser Weg in Dunkelheit führt. Amen.

Gebet:

Gott, wir bringen sie vor dich, unsere guten Wege und die schweren, die belasteten und die, die wir leichtfüßig tänzelnd gelaufen sind. Das ist unser Leben, Gott. Und wir bitten dich: Laß uns abschließen, was wir an Leid erfahren haben und was uns an noch offener Lebenssituation bedrückt. Laß uns mitnehmen, wofür wir danken. Laß uns Kraft schöpfen, damit wir den Weg, der vor uns liegt, gehen können. Amen.

Buße und Vergebung:
Der Tisch ist gedeckt, das Haupt wird gesalbt, der Becher wird gefüllt im Angesicht der Feinde. Schmerzen und Angst, düstere Gedanken, Trauer und Zweifel und unsere Schuld können uns nicht fernhalten von der Sättigung und Erfüllung.

Gott, du lädst uns zu deinem Mahl. Im Angesicht der Feinde deckst du uns den Tisch. Doch bevor wir deine Einladung annehmen, wollen wir bekennen und loslassen, was uns hindert, uns deiner Versöhnung zu öffnen.

Wir haben in unserem Leben nicht immer den rechten Pfad gefunden. Viele Menschen sind uns schuldig geblieben, was sie uns hätten geben sollen. Doch auch wir, Gott, haben nicht allen Menschen das Gute getan. So bitten wir dich in dieser Stunde: Laß uns den Schmerz, daß so vieles anders wurde, als wir es geplant hatten, abschließen. Laß uns das Leid, die Enttäuschung und Verbitterung aufgeben. Und hilf uns, daß wir den Menschen vergeben, die uns Übles getan haben. Wir wollen unsere Anklage loslassen, damit wir beten können: Vergib du uns, was wir selbst versäumt haben! Verzeih uns, wo wir versagt haben, wo wir kleinlich oder berechnend das Unsere gesucht haben. Laß uns den Frieden finden, den wir auf allen unseren Wegen suchten.

Die Gedanken, die uns quälen, die Worte, die uns anklagen, die Trauer, die uns niederdrückt, können uns nicht fernhalten, Gott, von deinem Tisch.

Abendmahl:
So lade ich Sie ein zu dem Mahl, zu dem uns der Tisch gedeckt ist. Wir denken dabei an Jesus von Nazareth, der mit seinen Freunden und Freundinnen zu Tisch saß. Sie waren miteinander auf dem Weg. Gott läßt uns nicht auf immer in der Finsternis wandern. Das war ihre Hoffnung. Gott will sich zu erkennen geben. Gott will uns nicht länger in der Zerbrochenheit und Zweideutigkeit unseres Lebens lassen. Gott will mit seiner Herrlichkeit und Freude auf den Weg kommen und sichtbar werden – sichtbar wie das Brot, spürbar wie der Wein auf der Zunge, erfahrbar wie die Zärtlichkeit.

Auch im Angesicht der Feinde, als die Häscher schon unterwegs waren, als sich abzeichnete, daß der Abschied bevorstand und es in die Dunkelheit von Folter und Tod ging, war ihnen ihr Mahl das Zeichen, daß Gott kommt, daß Gott durch alle Dunkelheit und Trauer hindurch sucht und findet und leitet und führt.

Einsetzungsworte – Vaterunser – Austeilung:
Gott, wir danken dir, daß du dich in unsere Hände gibst, in unsere Speise, in unser Wort. Wir danken dir, daß du für uns Brot wirst, eine Stärkung auf unserem Weg. So bitten wir: Bleibe bei uns, wenn die Schatten über uns fallen. Bleibe bei uns, wenn wir den Weg nicht mehr sehen. Bleibe bei unserer Schwester. Führe uns durch alles Dunkel gnädig zu dir.

Segen:
Du hast Wohnung im Hause des Herrn.
Du darfst bleiben in seinem Heiligtum.
Und alle Finsternis ist nur die Reise zu ihm.
Amen.

Ursel Heinz

Gebet nach dem Abendmahl

Atme, Seele.
Nun atme, Seele, tiefen Frieden;
der Herr schließt dich
in sein Erbarmen ein;
der lange Kampf ist schon entschieden;
der Herr ist mit dir,
du bist sein.

So fasse, Herz, das helle Licht
des Morgensterns
in deiner Angst und Pein;
er strahlt so klar und trüget nicht;
dein Engel wacht,
bist nicht allein.

Lasse denn die Welt sich drehen,
Gottes Geist
schafft immer neues Leben;
Wesen kommen, Wesen gehen,
die Liebe bleibt;
darfst heimwärts streben.

Werner Posner

Abendmahlsgebet

Zu dir, Vater, erheben wir unsere Herzen,
dir danken wir mitten in der Bedrängnis.
Weil du ein Gott der Menschen bist und jeden von uns mit Namen kennst, weil die ganze Welt in deinen Händen ruht.

Wir danken dir für deinen Sohn, den guten Hirten, der bei uns ist auch im finsteren Tal, der uns die Tür geöffnet hat zu deinem Haus.

Wir danken für den Tisch, den er uns bereitet im Angesicht aller Feinde, und wir danken für den Frieden, den er schenkt noch im Angesicht des Todes.

Denn unser Herr Jesus Christus ... (*Einsetzungsworte*)

Deinen Tod, o Herr, verkünden wir, und deine Auferstehung preisen wir, bis du kommst in Herrlichkeit.

Gott, laß ihn jetzt zu uns kommen; laß ihn nun unter uns sein mit seinem Trost und Segen.

Sein Geist stärke uns, sein Friede bewahre uns, seine Liebe geleite uns. Erhöre uns, wenn wir in seinem Namen beten:

Vaterunser im Himmel ...
Christe, du Lamm Gottes ...

Jürgen Martin

Vorschlag für eine Salbungsfeier

Liturg oder Liturgin (L):
Wir haben uns versammelt am Bett von ... Die Ringkämpfer im alten Rom haben sich vor schweren Kämpfen mit Öl eingerieben, damit die Gegner möglichst an ihnen abrutschten. Königen salbte man das Haupt als Zeichen ihrer besonderen Macht. Wenn einer von uns krank ist, so heißt es im Jakobusbrief, sollen wir für ihn beten und ihn im Namen des Herrn mit Öl salben. Denn das vertrauensvolle Gebet wird den Kranken stärken, und aufrichten wird ihn der Herr, und alle Schuld wird ihm vergeben. Deshalb möchte ich alle Anwesenden begrüßen im Namen des Vaters und des Sohnes und des Heiligen Geistes.

Der Kranke wird begrüßt, dann alle Anwesenden
L.:
Wir übergeben unsere/n kranken Bruder/Schwester und uns selbst der Sorge und Hilfe des Herrn. Sterben und Tod gehörten zum Leben unseres Herrn Jesus Christus. Deshalb vertrauen wir auf ihn, daß auch unser Sterben und Tod zu seinem Leben gehören mögen. Wir bitten dich ...

*Hier können der Kranke, die Angehörigen oder die Begleiter ihre
Bitten frei formulieren.*
L.:
Wir danken dir, Herr, für die Gaben des Himmels und die Ga-
ben der Natur. In dem Öl, mit welchem wir unsere/n Bruder/
Schwester salben möchten, sind diese Kräfte gesammelt. Wir lo-
ben dich und preisen dich, Herr, daß du uns die Stärke verleihst,
deine Kraft in dieser Form weiterzureichen.

*Jede(r) der Anwesenden salbt mit dem Daumen den Kranken an
den Händen. Der Begleiter verstreicht zum Abschluß das Öl.*
L.:
Wir alle wissen, daß das Öl Zeit und Stille braucht, damit es wir-
ken kann. Deshalb laßt uns zusammen ganz stille sein.

*Alle sprechen nach der Stille gemeinsam das »Vaterunser«.
Selbstverständlich kann sich daran ein Segensspruch anschließen,
vielleicht auch eine Abendmahlsfeier.*

Franco Rest

Salbung eines sterbenden Menschen

»Leben wir, so leben wir als Eigentum Gottes. Sterben wir, so
sterben wir als Eigentum Gottes. Ob wir leben oder sterben, wir
bleiben das Eigentum Gottes.«

nach Röm 14,8

Mit diesen Worten will der Apostel Paulus verdeutlichen, daß
keine Macht der Welt in der Lage ist, uns von der Liebe Gottes
zu trennen.

... ist durch seine Taufe auf den Namen des Vaters und des Sohnes und des Heiligen Geistes zum Eigentum Gottes erklärt
worden. Dafür war damals das Wasser der Taufe das sichtbare
Zeichen. Wir wollen uns daran erinnern und uns diese Tatsache
erneut vor Augen führen, indem wir ... nach biblischem Brauch
mit Öl salben und damit deutlich machen: »Du bist getauft! Du
bist ein Kind Gottes!«

Die Pastorin/der Pastor zeichnet mit Öl auf die Stirn der/des
Sterbenden ein Kreuz und spricht: »..., nimm hin das Zeichen
des Kreuzes, weil dein Leben Jesus Christus, unserem Erlöser,
gehört.«

Guter Gott,
durch die Taufe hast du dich mit ... verbunden. Daran haben wir
uns jetzt erinnert und bitten dich:
    Wenn alles ins Wanken gerät, dann laß uns diese Gewißheit,
daß uns keine Macht aus deiner Hand reißen und von deiner
Liebe trennen kann.
    Hilf uns allen zu diesem Glauben.

Alternativen zu diesem Gebet:
− Psalm 23
− Liedvers *Breit aus die Flügel beide* (EG 477,8)

Segen (unter Handauflegung):
Der Herr behüte deinen Ausgang und Eingang von nun an bis in
Ewigkeit!
(oder ein anderes Segenswort)

Willi Everding

Andacht bei einem gestorbenen Menschen

Einleitung:
Meine Gedanken sind bei Kristina. Sie ist am 7. Oktober 1982 auf Kreta gestorben – einen Tag vor meinem Geburtstag. Als Julia und ich sie im Sommer kennenlernten, saß sie im Rollstuhl, sie war taubstumm – und doch ein fröhlicher Mensch. Bald darauf konnte sie das Bett nicht mehr verlassen und konnte sich nicht mehr rühren – und wir wußten schließlich nicht mehr, wo wir sie berühren durften, denn es bereitete ihr große Schmerzen. Sie konnte schließlich nicht mehr trinken, nicht einmal mehr schlucken. Sie war ein einziger Schmerz. Wir haben sie bis zu ihrem Tod gepflegt, so gut wir das vermochten, und haben mit ihr auf ihren Tod gewartet – ihn erwartet –, und als sie dann tot war, konnten wir es doch nicht glauben, und er traf uns unerwartet. Sie lag auf ihrem Bett, ganz ruhig und starr. Ihr Gesicht war von ihrem schwarzen Kopftuch eingerahmt. Es war kein Leben in ihr, und sie war nicht mehr Kristina, die wir doch gekannt hatten und die uns ganz nahe war. Ihr Geist war gegangen, und es war Gnade. Die Gedanken an Kristina bewegen mich zu dieser Andacht.

Votum:
Gott, du bist bei uns am Abend und am Morgen. Du bist das Leben in Bewegung. Dein Geist schwebt über dem Wasser. Und dein Geist läßt uns atmen. Wir spüren: *Es* atmet mich. Der Atem kommt und geht.

Zeit der Stille (Einleitung):
Wir sitzen hier am Bett bei ..., und ihr/sein Atem ist gegangen – für immer. Wir wollen diesen Moment wahrnehmen – ganz bewußt – und schweigen. Vielleicht kann es gelingen, für einen Moment still zu werden. Wir wollen ... betrachten – ganz ruhig und für uns – mit all unseren Gefühlen und Gedanken; mit all der erlebten gemeinsamen Geschichte.

Zeit der Stille

Meditation:
Ich bin bei mir und schaue auf den Menschen,
der mir vertraut ist –,
oder muß ich schon jetzt sagen: war?
Etwas ganz Fremdes ist zwischen uns getreten –
trennt uns.
Ich möchte brüllen und schreien:
»Das gibt es nicht, und das kann doch nicht sein«,
aber ich bleibe stumm –,
und noch fließt keine Träne.
Laß mich weinen, schreien, klagen.
Klag du, schrei du, wein du – für mich!

Zeit der Stille

Meditation:
Atem. Der Atem kommt und geht.
Er ist Leben in Bewegung –
von der Geburt bis in den Tod.
Er verbindet uns alle miteinander
– die ganze Schöpfung.
Jeder Teil dieser Erde hat seinen Atem
und seinen Geist.
Der Atem kommt und geht.
Wohin geht der Atem,
wenn er für immer gegangen ist,
wenn ein Mensch gestorben ist?
Wohin geht das Leben,
der Geist des Menschen?
Wir sind aus Erde
und werden wieder zu Erde.
Wir gehen, woher wir kamen.
»Denn der Staub muß wieder zur Erde kommen,
wie er gewesen ist,

und der Geist wieder zu Gott,
der ihn gegeben hat.« (Pred 12,7)

Gebet:
Unser Leben ist aufbewahrt bei dir, Gott.
Darauf hoffen wir.
Segne uns und behüte uns,
dann, wenn wir kommen und
dann, wenn wir gehen.
Amen.

Gebet:
Ich bin froh,
jetzt nicht allein zu sein.
Ich danke dir für diesen Moment –
für deine Nähe, Zuwendung, Berührung.
Wir gehen zusammen –
du an deinen Ort
und ich an meinen.
Wir gehen zusammen.

Susanne Neumann

Andacht mit Angehörigen am Bett eines gerade Gestorbenen

Über diesem Sterbebett von ... hängt ein Kreuz mit der Figur des Gekreuzigten. Da wird ein Mann in seiner Ohnmacht, in seinem erbärmlichen Elend dargestellt: Jesus, der Geschlagene und Verachtete. In ihm scheint sich das ganze Leiden und Sterben der Menschheit abzubilden. Auch das Leiden und Sterben von ... Die Arme des Gekreuzigten sind ausgebreitet. So, als wollte er die Leidenden und Sterbenden umfangen, mit hineinnehmen in sein eigenes Schicksal. »Fürwahr, er trug unsere Krankheit und lud auf sich unsere Schmerzen«, sagt ja auch der Prophet im Alten Testament.

Mir fällt aber noch ein anderes Bild ein, das ebenfalls Jesus zeigt. Es hängt in unserem Gemeindehaus und ist eine Darstellung des Auferstandenen. Dort breitet er ebenfalls die Arme aus. So als wollte er die Menschen umfangen, mit hineinnehmen in seinen eigenen Weg. »Ich lebe, und ihr sollt auch leben!«, läßt der Evangelist Johannes Jesus ausrufen.

Zwei Bilder der gleichen Person. Zwei Darstellungen, wie sie unterschiedlicher und gegensätzlicher kaum sein können. Aber diese beiden Sichtweisen machen deutlich, was unser Dasein in der Verbindung mit Jesus Christus ausmacht. Sie zeigen unser Elend, unser Leiden und unseren Tod, aber sie zeigen auch die Hoffnung auf das Neue, die Annahme und Geborgenheit, die uns durch den gekreuzigten und auferstandenen Jesus eröffnet wird.

... ist nun gestorben. Gerade in der letzten Zeit ist viel von Kreuz und Leid an ihm sichtbar geworden. Nun können wir nichts mehr für ihn tun, er braucht uns nicht mehr.

Uns bleibt aber die Hoffnung, daß an ihm auch das sichtbar wird, was Gott uns durch Jesus bereitet hat.

Lassen wir uns von diesen beiden Jesusbildern begleiten. Seine ausgebreiteten Arme wollen auch uns in unserer Trauer umfangen, so wie sie ... in seinem Leiden und in seinem Tod umfangen.

Willi Everding

Andacht bei der Aufbahrung

Begrüßung:
Liturgische Begrüßung

Einführung:
Wir sind heute morgen hier zusammengekommen, um für unseren lieben Verstorbenen ... zu beten und um von ihm Abschied zu nehmen:
– Du, liebe Ehefrau: Abschied von deinem lieben Ehemann, mit dem du über 40 Jahre in guten wie in bösen Tagen, in Gesundheit und Krankheit zusammengelebt hast.
– Wir, seine Kinder: Abschied von unserem Vater, der immer für uns da war.
– Unsere Kinder: Abschied von ihrem lieben Opa.
– Liebe Anwesende: Abschied von eurem Bruder, Schwager, Onkel, Freund, Nachbarn, Bekannten.

In unserem Alltagstrott hat uns die Nachricht von seinem Tod tief getroffen.
Wir sind erschüttert.
Wir sind traurig.
Wir sind sprachlos.
Wir sind hilflos.
Wir wissen nicht, wie wir uns verhalten sollen.
Wir haben viele Fragen.
Wir suchen Antworten.
Warum?

Wir wollen nicht viele kluge Worte machen, sondern wollen an unseren lieben Verstorbenen denken, bei ihm sein
– in aller Stille –,
nicht mit Angst oder Anklagen,
nicht mit Fragen
und nicht mit einem schlechten Gewissen,
sondern in Dankbarkeit, daß er mit uns lebte.

Kurze Stille

Kyrie:
Jesus starb den Tod, den alle Menschen sterben.
Herr, erbarme dich unser. ...
Im Tod hat er den Tod besiegt, das Leben neu geschaffen.
Christus, erbarme dich unser. ...
Er stirbt unsern Tod und schenkt uns sein Leben.
Herr, erbarme dich unser. ...

Gebet:
Herr allen Lebens, du hast die Welt geschaffen
und den Menschen aus Elementen der Erde
nach deinem Bild geformt.
Du hast ihn über alle Wesen gestellt
und deiner Freundschaft gewürdigt.
Du hast dem Menschen die Treue bewahrt
und einen Bund mit ihm geschlossen.
Durch die Propheten hast du deine Macht
über Leben und Tod erwiesen
und den Messias als Erlöser angekündigt.
Dein Gesalbter wurde Mensch wie wir,
in allem uns gleich, außer der Sünde.
Machtvoll hat er in Worten und Zeichen
den Anbruch deiner Herrschaft verkündet.
Voll Vertrauen folgte er deinem Willen
bis in die Schande am Kreuz.
Er war das Weizenkorn,
das du in die Erde gesenkt hast,
damit im österlichen Sieg seiner Auferstehung
für immer der Bann des Todes gebrochen wird.
So sind wir, heiliger Gott,
vom Gesetz der Sünde befreit
und durch Christus zum Leben in deiner Nähe berufen.
Voll Zuversicht preisen wir dich
und gedenken dankbar deines Sohnes:

Er starb für uns
und ist als der Erste siegreich von den Toten auferstanden.
Er kehrte heim zu dir,
um uns eine Wohnung zu bereiten.
Und er sandte uns den Geist des neuen Lebens.
Wir erhoffen von ihm die Vollendung der Welt
bei seinem Kommen in Herrlichkeit.
Guter Gott, wir danken dir für ..., die uns
immer so nahe war und die uns nun entrissen ist aus
dieser Welt.
Wir danken dir für alle Freundschaft und Liebe, die
von ... ausgingen,
für allen Frieden, den ... gebracht hat.
Laß ihre / seine Mühen reiche Frucht tragen in uns.
Vergilt du in deiner Güte all das Gute, was ... uns
getan hat, mit dem Ewigen Leben. Herr, laß ... leben
in deinem Frieden.
Vereine uns alle in deinem Reich,
damit du, guter Vater,
durch deinen Sohn mit dem Heiligen Geist
geehrt und verherrlicht wirst in Ewigkeit.
Amen.

Hans Overkämping

Segen und Aussegnung

Segnungsgottesdienst im Krankenhaus

Ablauf: Gruß
Lied
Psalm
Auslegung
Musik
Beichtgebet
Stille
Kyrie
Segnung
Dank
Sendung

Alle Texte sind jeweils frei formuliert. Der Gruß erfolgt persönlich. Die Segnung erfolgt durch Handauflegung bei jedem, der
gesegnet werden möchte, mit einem kurzen Segensspruch.

Hans Frieder Rabus

Aussegnung im Altersheim

Frau X war seit zwei Jahren Bewohnerin des Altersheims und ist dort gestorben. Wir gestalten eine Aussegnung, bevor der Leichnam abgeholt wird.
Die Feier findet im Aufbahrungsraum des Heimes statt. Anwesend sind

eine Nichte, zwei Damen einer Sitzwachengruppe, die die Sterbende begleitet haben, eine Schwester und die Sozialarbeiterin des Hauses sowie einige Mitbewohnerinnen.

Ich stelle in der letzten Zeit fest, daß die Aussegnung in Altersheimen an Bedeutung gewinnt. Viele Bewohner und Bewohnerinnen sind zu siech, um selbst den Gang zum Friedhof wagen zu können. Sie möchten aber einer verstorbenen Mitbewohnerin oder einem Mitbewohner die letzte Ehre erweisen und sich verabschieden. Da bietet sich die Aussegnung im Heim als Ritus an. Zugleich rundet eine solche Handlung eine Sterbebegleitung ab und hilft zur Verarbeitung des Geschehenen.

Ich begrüße Sie im Namen Gottes, der das Leben will und der dieses Leben sterblich geschaffen hat.

Wir sind zusammen, um uns von ... zu verabschieden und um ... für den letzten Weg zu segnen.

»Kommt, wir wollen wieder zum Herrn, denn er hat uns zerrissen; er wird uns heilen; er hat uns geschlagen, er wird uns auch verbinden.« (Hos. 6,1).

Liebe Mitchristinnen, ein Weg ist zu Ende, und wir sind hier neben der Toten, um unseren Weg mit ihr zu bedenken und um sie loszulassen für ihren letzten Gang. Manche von Ihnen haben sie in ihrem Sterben begleitet. In die Stille dieser Stunde ragen noch die Aufregungen und Ängste, die Nöte der vergangenen Tage. Die Not des Sterbens ist überwunden, und wir möchten unsere Anspannung loslassen. Wir möchten uns alle, auch die Tote, dem Gott anheimgeben, der durch das Leid hindurch Leben schenkt.

Ich lese Ihnen eine Geschichte aus dem Alten Testament vor, die Geschichte von Elia und Elisa. Elia ist der Prophet Gottes, Elisa ist sein Schüler. Als Elia alt geworden ist, merkt er, daß er sterben muß. Er bittet Elisa zurückzubleiben, den Weg zum »Haus Gottes«, den er gehen muß, nicht mit ihm zu gehen. Doch Elisa läßt sich nicht fortweisen. Er begleitet Elia auf seinem letzten Weg.

Lesung: 2. Könige 2,1–15

Es ist eine sensible Geschichte, und wenn wir uns nicht an den Merkwürdigkeiten, über die ich noch sprechen werde, stören, so ist dies die Geschichte einer innigen Sterbebegleitung. Zwei, die sich liebhaben, machen sich auf den Weg. Elisa läßt es sich nicht nehmen, Elia zu begleiten. Und während die beiden gehen, ist das Wissen um ihre bevorstehende Trennung, um das Sterben des einen, zwischen ihnen. Es ist der Raum der Stille, der sie begleitet, die Trauer, die sich vorbereitet, zugleich ihre tiefste Verbundenheit. Die Stimmen, die diese Stille stören, die Unruhe und Geschäftigkeit verbreiten und die Wahrheit hervorzerren wollen, werden zur Ruhe gewiesen. Denn das Wissen muß wachsen.

Wir werden manchmal in der Sterbebegleitung gefragt: »Wann sagen Sie einem sterbenden Menschen die Wahrheit, wann sagen Sie ihm, daß der Tod anwesend ist?« Doch diese Wahrheit ist nicht eine Information, die wie eine Sammlung von Daten weitergegeben werden kann. Diese Wahrheit ist ein Wissen, das zwischen den Menschen, die es mittragen und teilen, wächst.

Elia und Elisa gehen miteinander, und sie gehen über den Fluß. Wir brauchen, um diese Erzählung zu verstehen, die Sprache der Märchen, der Mythen, der Poesie. Wenn wir diese Sprache in uns aufklingen lassen, wenn wir uns daran erinnern, was wir als Kind als Märchen gehört, als Lieder gesungen haben, so beginnen wir, diese Erzählung zu verstehen. Von vielen Völkern wird das Sterben als ein Übersetzen über einen Fluß beschrieben. Der Fluß ist die Grenze, die das Leben vom Tode trennt. Elisa begleitet Elia bis an diese Grenze und sogar noch ein Stückchen weiter, wir erkennen die Liebe dieser Sterbebegleitung, über diese Grenze hinaus. Elisa läßt sich nicht von seinem Lehrer trennen. Doch auch mit seiner Liebe kann er den Sterbenden nicht halten. Die himmlischen Pferde fahren dazwischen.

Hier kommt der Teil der Geschichte, der uns am fremdesten anmutet und den wir vielleicht sogar in unserer Situation am Bett einer Verstorbenen als Zumutung und Herausforderung empfinden. Elia, der Prophet, wird in den Himmel entrückt. Sein sterbender Leib wird im Feuerwagen zur Höhe der Blitze und Wetter mitgerissen. Sein Fortgang ist so vollständig, daß seine irdische Hülle nicht mehr gefunden wird. Wir befinden uns hier am Bett unserer Verstorbenen und warten darauf, daß dieser Leib versorgt wird, wie wir es für unsere Toten kennen. Ich brauche nicht daran zu erinnern, daß wir, um diese Geschichte von Elia und Elisa zu verstehen, die Sprache der Märchen, der Poesie und der Träume benutzen müssen. Wenn wir diese Sprache in uns zum Schwingen bringen, wenn wir manche Lieder, die wir kennen, mithören, beginnen wir, die Bilder der Geschichte anzunehmen. Elia geht seinen Weg zu Gott. Er geht diesen Weg in einer ganzheitlichen Weise. Sagen wir nicht auch, daß ... sich auf eine Reise begeben hat? Sind wir nicht gerade hier, um sie für ihren Gang zu segnen? Und glauben wir nicht, daß auch sie sich in einer ganzheitlichen Weise zu Gott begeben hat, der unser Vater und unsere Mutter, unser Anfang und unser Ende ist?

Elisa, während Elia gen Himmel fährt, steht unten, zerreißt sich die Kleider und schreit hinter ihm her. So schmerzhaft ist die Trennung. So zerreißend trifft ihn, was geschieht, obwohl er vorbereitet war und obwohl er wußte, wohin dieser Weg ihn führen würde.

Doch Elisa, das ist der letzte Teil der Geschichte, darf den Mantel Elias aufheben. Aus seiner Sterbebegleitung und aus der Trauer heraus darf er das Kleid seines Lehrers nehmen und sich damit den Weg in seine Zukunft bahnen. Für ihn geht der Weg über den Fluß zurück. Und das Kleid enthält nun das Doppelte von Elias Kraft.

Eine gemeinsame Geschichte mit einem Menschen ist nicht einfach zu Ende. Der Weg hinterläßt seine Spuren. Der gemeinsame Weg hat uns Wissen vermittelt, hat unsere Erfahrung geschult, hat unsere Erinnerung reich gemacht. Und wir nehmen diesen Reichtum in unser weiteres Leben mit. Wir können davon zehren. Wir nehmen aber zugleich – und das ist die doppelte Kraft – noch einen anderen Reichtum mit, gerade den unserer Schmerzen. Lassen Sie mich erklären, was ich meine.

Wir müssen, wenn wir Abschied nehmen, Bindungen lösen, über die wir uns bisher verstanden. Wir müssen einen Teil von uns, der zu uns gehörte und der uns stützte, abschneiden. Wir erleben uns wie von einem Glied unserer selbst getrennt. Und wir fragen dabei nach Gott. Wir fragen: Wo bist du, Gott? Warum mutest du uns dieses Leid zu? Wie kannst du zulassen, was geschieht? Wie Elisa stehen wir außerhalb des Geschehens und können Gott in seiner zerstörerischen Kraft, den Gott der Kriegswagen und Pferde, nicht fassen. Wir halten Gott unsere Verletzungen vor. Wir sagen: Du bist doch unser Vater!

Für Elisa geht der Weg aus der Lethargie, aus der Niedergedrücktheit und Todesnähe heraus, indem er den Mantel, der herunterfällt, nimmt und die Wasser des Todes damit schlägt. Sicher müssen auch wir uns aus den Schmerzen herausarbeiten. Elisabeth Kübler-Ross, die Sterbeforscherin, schickt trauernden Angehörigen ein Stück Gummischlauch, damit diese damit im stillen Kämmerlein schlagen und toben. Denn die Erfahrung ist: Wenn wir unsere Schmerzen ausdrücken, wenn wir ihnen Gestalt geben, beginnt die Lebensenergie zu fließen. Wenn wir das Geschick, das uns da zufällt, annehmen, können wir die Kraft, die darin enthalten ist, für uns herausholen und verwerten.

Ist uns nicht auch und gerade mit unseren Tränen eine wichtige Erfahrung geschenkt? Ist nicht die Erfahrung von Trauer ein Reichtum, der uns Bereiche öffnet, die uns vorher verschlossen waren? Nur durch die eigenen Schmerzen hindurch können wir uns einfühlen in Menschen, die an ihren Wunden tragen. Mit unseren Verletzungen können wir mitempfinden mit denen, die ihre Zerrissenheit spüren. Leiden macht zum Mitleiden fähig. Gerade wenn wir den Weg in eine gute Zukunft suchen, wenn wir zu größerer Reife und Kraft gelangen wollen, müssen wir die schmerzhaften Schritte, die zu dieser Entwicklung gehören, bejahen. Immer gehen wir durch Verlust-Erfahrungen hindurch. Unser Leben ist »abschiedliche Existenz«. Immer wieder müssen wir loslassen: Menschen, Orte, Dinge, Meinungen. Doch wenn wir dies tun, wenn wir uns hindurcharbeiten durch unsere Trauer, wenn wir dabei die Angst von Station zu Station zulassen, so merken wir, daß etwas zunimmt. Wir gewinnen. Wir gewinnen Standfestigkeit, Zuversicht. Wir gewinnen uns selbst. Und wir gewinnen Gott.

Wenn wir loslassen, merken wir, daß der Gott, den wir verloren hatten, wieder da ist. Gott begleitet uns. Er ist an der Stufe, an der wir ringen. »Wo ist nun der Herr, der Gott Elias?« fragt Elisa, als er auf das Wasser schlägt. Und die Antwort ist: Die Wasser teilen sich und geben die Furt frei – zurück in das Leben.

Gott ist das Leben, das uns entgegenkommt. Gott ist auch das Leben, in das wir eingehen, wenn unsere Wege vollendet sind. Amen.

Beginnen wir also loszulassen! Nehmen wir Abschied von ...!
Sage eine jede in der Stille der Verstorbenen, was diese ihr bedeutet hat!
Wir denken an die guten Stunden, die wir gemeinsam mit ... erleben durften. Wir denken an die guten Erinnerungen, die uns mit ihr verbinden. Wir denken zugleich an Versäumnisse, an Schuld und Mißverstehen, die unser Leben prägen und die immer auch zu unserem Menschsein und zu einem gemeinsamen Weg gehören.

Wir fassen unsere Gedanken in ein gemeinsames Gebet.
Gott, wir danken dir für diesen Menschen, der mit uns gelebt hat.

Wir danken dir für alle Freundlichkeit, für alle Förderung und Freundschaft, die wir durch sie erfuhren. Wir danken dir für das Gute, das sie uns geschenkt hat.

Wir denken zugleich an die Versaumnisse, an Bitterkeit und Schuld, die auch zu jedem gemeinsamen Weg gehören.

Laß uns die hilfreichen Erinnerungen mitnehmen. Bitterkeit und Schuld dürfen wir zurücklassen, all die hadernden Gedanken.

Begleite die Angehörigen in den schweren Tagen, in der Hektik und in den Pflichten, die jetzt auf sie zukommen.

Gott, wir alle sind unterwegs zu dir.

Du bist der Anfang und das Ende.

Du bist uns nah, näher als eine Mutter ihrem Kind, näher als ein Freund dem anderen.

Du schenkst uns deine Liebe, und wenn unsere Wege vollendet sind, dürfen wir heimkehren zu dir.

Laß uns unseren Weg in Frieden gehen.

Segen:

zur Verstorbenen gewandt

..., Gott segne dich, wenn sie deinen Leib aus dem Haus tragen. Er segne deinen Ausgang und deinen Eingang. Er geleite deinen Weg, daß du hinfindest zu ihm. Du darst im Ende den Anfang finden. Amen

Wir beten gemeinsam:
Vater unser ...

Segen:

allen zugesprochen

Gott behüte uns, behüte unser Leben.
Laß uns in deiner Liebe bleiben,
und gib uns am Ende in deiner Liebe Raum.
Amen.

Ursel Heinz

Gebet während einer Aussegnung

Gott, wann endlich wirst du unter uns erscheinen?
Wann endlich wirst du in dieser Welt deine Hütte aufrichten
und bei uns Raum nehmen?
Du hast versprochen, unsere Tränen abzuwischen
und unser Leid zu tilgen.

Du hast versprochen, uns einen neuen Himmel und eine neue
  Erde
zu geben und unsere Welt mit deiner Herrlichkeit und Freude
  zu füllen.
Du hast versprochen, unsere Worte der Klage in Lachen und
  Dank
zu verändern.
Gott, wir halten dir dein Versprechen vor.
Wir sehnen uns so sehr danach, daß du den Tod von uns
  nimmst.
Wann endlich wirst du unter uns erscheinen?

Ursel Heinz

Aussegnung

Im Namen Jesu Christi,
der den Weg des Sterbens gegangen ist
und der nun bei Gott ist
und lebt.

Gott, wir sind hier, um unsere Schwester für ihren letzten Weg
  zu segnen.
In den Frieden dieser Stunde ragen noch die Schatten der
  überstandenen Not.
Sie hat einen schweren Tod gehabt, und wir haben mit ihr
  gelitten.
Nun ist sie hinübergeschritten, und wir zünden ihr eine Kerze
  an.
Laß sie zugehen auf dein Licht.
Laß sie eingehen in deine ewige Liebe.
Laß sie verwandelt werden, indem sie dich schaut.

Laß uns, die wir hier stehen, etwas mitnehmen von dem
    Frieden dieser Stunde.
Laß uns von der Ruhe, die wir jetzt spüren, zehren. Dann
    können wir getrost in die
Hektik, in die Aufgaben und Pflichten dieser Tage gehen.
Wir können unser Leben übernehmen in der Erkenntnis, daß es
ein kostbares Geschenk ist,
an dessen Ende
Friede ist.
Amen.

Ursel Heinz

Segnung und Gebet bei einem Verstorbenen

Die Stirn des Verstorbenen wird dreimal mit folgender Formel
bekreuzigt:
In diesem heiligen Zeichen ist unser Herr Jesus Christus
vorausgegangen vom Tod zum Leben.
In diesem heiligen Zeichen geben wir dich aus unserer Hand
und legen dich zurück in die Hand Gottes.
In diesem heiligen Zeichen haben auch wir Hoffnung auf
    Auferstehung und Leben.

Diese Segensformel kann in Gebete gut eingefügt werden. Es
bietet sich an, die Angehörigen ebenfalls dazu einzuladen, dem
Verstorbenen ein Kreuz auf die Stirn zu machen.

Hans Overkämping

Sterbesegen

Gott segne deinen Ausgang und Eingang in die Ewigkeit.
Gottes Engel behüte und geleite dich.
Gott lasse sein Angesicht gnädig leuchten über dir und schenke
   dir Frieden.
Amen.

Berthild Boueke-von Waldthausen

Segen

Es sei mit dir
der Segen Gottes

dir zu helfen
dich zu trösten
deinen Schmerz zu lindern

dich festzuhalten
dich zu umarmen
dich zu umhüllen

mit Frieden

Annemarie Schnitt

Friede für dich

Friede für dich
von dem,
der dein Leben beginnt
mit jedem Herzschlag – bis zum letzten Herzschlag.
Friede für dich
von dem,
der dein Leben liebt
über den letzten Herzschlag
hinaus.
Amen.

Karl Heinz Backofen

Gott, segne uns

Gott,
segne unser Ein- und Ausatmen,
    unser Schlafen und Wachsein,
    unser Leben und Sterben,
    unseren Anfang und unser Ende.

Gott,
segne unseren Körper und unseren Geist,
    unser Gutes und unser Schlechtes,
    unsere Liebe und unseren Zorn,
    unsere Fragen und unsere Antworten.
Gott, segne uns mit deiner Liebe.

Reile Hildebrandt-Junge-Wentrup

Segnung eines soeben Verstorbenen

»Er hat seinen Engeln befohlen über dir, daß sie dich behüten sollen auf allen deinen Wegen, daß sie dich auf den Händen tragen und du deinen Fuß nicht an einen Stein stößt.«

Wir beten:
Herr, du hast unsere Schwester / unseren Bruder aus diesem Leben gerufen.
Laß uns in dieser Stunde daran denken, daß wir hier keine bleibende Stätte haben.
Hilf uns, daß wir uns strecken nach dem, was zu dir gehört und nicht nach dem, was zu dieser Welt gehört.
Tröste und stärke uns durch deine Güte,
und nimm unsere Schwester / unseren Bruder auf in dein kommendes Reich!
Amen.

Dietrich Mendt

Irisches Sterbegebet

Christus, bewahre mich,
Christus, beschütze mich,
Christus, nimm mich auf in deine Wohnstatt.
Christus, gib mir Kraft,
Christus, heilige mich,
Christus, rette mich von der ewigen Verdammnis.
Im Leben, im Tod steh du mir bei.

Und segne mich.
Das hoffe ich.

Anonym

Der Herr segne dich

Der Herr segne dich
und erwarte dich
am Ufer des Lebens im Licht –
jetzt, da der Tod alles Irdischen
an deine Türe klopft
und dich herausruft aus dem Land,
das dich ernährt,
aus dem Kreis der Menschen,
mit denen du gelebt hast.

Er mache dir den Abschied leicht
und schicke dir seinen Engel entgegen,
der dich begleitet
durch das unbekannte Tor des Todes
und dich in das verheißene Land führt,
wo die Sonne nicht mehr untergeht.

Er erlöse dich von der Angst,
ins Leere zu fallen –
und schenke dir die Freude,
daß du ihn schaust,
der all deine Schuld vergibt
und deine Wunden heilt,
die Wunden der Angst und
nicht erfahrener Liebe,
die Wunden des Schmerzes und
des nicht Gelungenen.

Er zeige dir deine wahre Heimat –
und lasse dich glücklich sein
in Seinem Himmel –
Ihm nahe und denen allen,
die vor dir gelebt haben.

Das gewähre dir der Gott des Lebens,
der dem Tod die Macht genommen
und sich jetzt freut auf dich:
der Vater, der Sohn, der Heilige Geist.
Amen.

Herbert Jung

Es segne dich Gott

Es segne dich Gott,
der Vater,
der dich nach seinem Ebenbild
geschaffen hat.

Es segne dich Gott,
der Sohn,
der dich durch sein Leiden
und Sterben erlöst hat.

Es segne dich Gott,
der Heilige Geist,
der dich zu seinem Eigentum
bereitet und geheiligt hat.
Der treue und barmherzige Gott
wolle dich durch seine Engel
geleiten in das Reich,
da die Seinen ihn ewiglich preisen.

Unser Herr Christus sei in dir,
daß er dich beschütze.

Der Heilige Geist sei mit dir,
daß er dich erquicke.

Der Dreieinige Gott
sei dir gnädig und
segne dich
zum ewigen Leben.
Amen.

Anonym

STERBENDE IM GEBET
UND RITUELL BEGLEITEN

Ein theologisch-seelsorgerliches Nachwort

Auf der Suche nach einem biblisch und seelsorglich begründeten Zugang zur spirituellen, geistlichen Begleitung sterbender Menschen treffen wir zunächst auf Jesus selbst, der zwar vor allem aus dem Tod hinaus geleitet, indem er den ewigen Tod überwindet (Erweckung von Verstorbenen, eigene Auferstehung), der aber auch den Weg der Menschen im Sterben und in der Trauer mitgeht. In seinem eigenen Sterben begleitete er einen Sterbenden, indem er sagte: »Heute noch wirst du mit mir im Paradiese sein« (Lk 23,43). Und auf dem Weg nach Emmaus vertrauen sich ihm die Trauernden an: »Herr, bleibe bei uns, denn es will Abend werden, und der Tag hat sich geneigt« (Lk 24,29).

In der Tradition dieser Impulse steht der biblische Grundtext für eine rituelle Sterbebegleitung im Jakobusbrief (5,13–15). Diesem Text entnehmen wir die wichtigsten Bausteine der Begleitung Sterbender durch Gebete und rituelle Handlungen, die in der vorliegenden Gebetssammlung aufgegriffen und ergänzt werden sollen. Durch die Auslegung dieser wenigen Verse[1] finden wir entscheidende Hinweise auf den Gang einer geistlichen, spirituellen, gebetsweise rituellen Sterbebegleitung.

---

1. Vgl. mit allen Zusatzverweisen Mussner, Franz: Der Jakobusbrief. HThK–NT, XIII/1. Freiburg 1964, 216–225.

1. Das Gebet des Sterbenden

»Hat einer von euch Schweres zu ertragen? Dann soll er beten.«
Viele Sterbende beten in dieser Form sprachlich wie auch un-
sprachlich. Viele aber erwarten auch eine gewisse Gebetshilfe
durch die Umstehenden. Nun gelingt es in einigen Texten durch-
aus, den ungesprochenen Worten der Sterbenden Stimme zu ver-
leihen. Das geschieht oftmals durch die Ich-Form. Die besondere Chance solcher Texte ist es, daß der Sprechende sich selbst
als Schwerkranker oder Sterbender in den Akt des Sterbens ein-
bringt, auch wenn er als Begleiter nicht ein akut Kranker oder
Sterbender ist. Diese Texte sind Sprachformen von Empathie
oder, methodisch ausgedrückt, erste Ansätze von systematischer
Begleitung. Damit ist gemeint, daß der Begleitete eingebettet ist
in ein System von Hilfe und begrenztem »Mitgehen«.

2. Der Lobpreis angesichts des Glücks im Leben und Sterben

«Ist jemand glücklich? Dann soll er Loblieder singen.« Viel zu
oft und manchmal fahrlässig selbstverständlich mischt sich in die
Begleitung Schwerkranker ein trauriger, melancholischer Ton
ein. Aber gerade christliche Begleitung sollte angesichts der Er-
lösungsgewißheit des »simul iustus« mehr von der Frohbot-
schaft durchdrungen sein. Gerade im Angesicht des Todes werden der Lobpreis und die Danksagung zu einem tragenden
Element des Betens. Im grenzgängerischen Handeln Gottes ist
die Theodizeefrage des Sterbenden geborgen und beantwortet.
Die Einladung, einzustimmen in Lobpreis und Dank, wird zur
spirituellen Energie.

3. Das Gebet der Beauftragten der Gemeinde für den Sterbenden

»Ist einer von euch krank? Dann soll er die Ältesten der Ge-
meinde rufen (lassen), damit sie für ihn beten.« Krankheit, zumal
angesichts des Todes die »Krankheit zum Tode«, also die Verzweiflung, erfordert eine die versiegenden Kräfte ergänzende
oder ausgleichende Begleitung, wie sie besonders von den Ge-
meindemitgliedern geleistet werden könnte. Die »Ältesten« sind

keine Charismatiker oder auf Sterbebegleitung hin spezialisier-
ten Amtspersonen; sie sind vielmehr Repräsentanten; sie stehen
für den eigentlichen Sterbebegleiter, der da sagte: »Heute noch
werde ich mit dir im Paradiese sein«. Hier betet also der Begleiter
für den Kranken, also nicht in dessen Namen und stellvertretend
mit dessen Mund, sondern im eigenen Namen. Der Begleiter
weiß, daß er den Weg nicht mitgehen kann und darf. Er muß und
kann sich darauf verlassen, daß ein anderer dem Sterbenden auf
diesem Wege letztlich zum Begleiter wird. Diesem vertraut er
sich und den Kranken an; das Gebet ist Fürbitte für den Kranken
bei Gott, wozu auch die Anrufung des Namens Gottes gehört.

4. Der Salbungsritus

»Ist einer von euch krank? Dann soll er die Ältesten der Ge-
meinde rufen (lassen), damit ... sie ihn im Namen des Herrn mit
Öl salben.« Der Text im Jakobusbrief gibt den Ritus im Einzelnen nicht vor. Es kann gemeint sein, daß die Salbung dem Gebet
vorausgeht, oder daß die Gebete den Salbungsritus umschließen.
Jedenfalls baut der Ritus sinnbildlich auf der heilsamen Wirkung
des Salbens mit Öl (und Wein) auf, wie es überliefert ist (Is 1,6;
Mk 6,13; Lk 10,34; u. a.). Aus dem paradiesischen Lebensbaum
fließt nach Vorstellungen des Spätjudentums das Öl, welches
dem alten Adam zur Linderung seiner Todesschmerzen dient
und erst den Auferweckten wieder zur Verfügung steht. Das Öl
steht sinnbildlich neben dem (Lebens)-Wasser der Taufe; es
steht für Bewahrung vor dem ewigen Tod, Erhaltung bleibenden
Lebens. So wird es zum Freudenöl (Is 61,3). Der übernatürliche
Wirkstoff des Öls wird durch den Namen des Herrn ausgedrückt bzw. durch das Bewußtsein, daß die Salbung »in seinem
Namen« und auch »in seiner Kraft« geschieht (Apg 3,6.16). – Es
ist für unsere Vorstellung gleichgültig, wie wir im einzelnen den
Ritus gestalten, welche Öle wir verwenden, mit welchen Segens-
sprüchen wir ihn begleiten. Nur, wir sollten es tun, sollten es uns
zutrauen, sollten das Angebot eines solchen Salbungsritus machen. Wir sind dazu nicht nur biblisch beauftragt, sondern vor
allem menschlich; denn Salbung ist Stärkung.

5. Das aufrichtende Handeln Gottes im Verlauf des Sterbens

»Ihr vertrauensvolles Gebet wird den Kranken stärken; und aufrichten wird ihn der Herr. « Das Gebet gibt Stärke, die Salbung gibt Kraft, aber die eigentliche Erhebung und Stärkung gibt Gott selbst. Dies ist vor allem ein Schutz gegen den esoterischen Mißbrauch des Gebets und der Salbung; es geht nicht um Selbsterlösung des Sterbenden (ggf. unter Mitwirkung durch einen Begleiter), aber auch nicht um irgendwelche heilende Magie. – Der bei Jakobus gemeinte »Kranke« ist ein ermüdeter, hoffnungslos Kranker, ja, sogar der Entschlafene (Weish 4,16), der Tote. Das rettende Gebet des Glaubenden kommt aus der Tiefe der Überzeugung, daß Gott der allein Rettende ist. Das Handeln Gottes umgibt die Salbung und das Gebet. Sein Handeln sichert den Nicht-Verbleib des Sterbenden und Verstorbenen in der *sheol* (Unterwelt), sein Auftauchen zu neuem, eschatologisch verstandenen Leben. Die Krankensalbung und das damit verbundene Handeln Gottes sind nicht in erster Linie für Sterbende gedacht; ihre heilende Wirkung ist nicht gedanklich oder wirklich ausgeschlossen. Aber die Sterbenden sind von den Gebeten auch nicht ausgeschlossen. »Aufrichten« im Sinne einer Heilung von körperlicher Krankheit und »auferwecken« im Sinne eschatologischer Rettung schließen einander nicht aus, sondern gehören zusammen.

6. Die Vergebung als Befreiung für den Herrn

»Und wenn er Schuld auf sich geladen hat, wird ihm vergeben.« Die Gebete des Kranken, der Lobpreis, die Gebete für den Kranken, die Salbung und Gottes rettendes Handeln zusammen verheißen Vergebung der Schuld. Selbstverständlich kommen die Hilfen nicht nur dem Sünder zugute; aber gerade diesem kann ein Loslassen-Dürfen zugesprochen werden, ein vertrauensvolles Sich-Fallen-Lassen in die Hand Gottes. Was sich daraus für einen offenen oder geschlossenen Beichtritus ergeben könnte, bleibt ungedeutet. Aber die Folgerung, Lossprechung z. B. in den Ritus der Handauflegung münden zu lassen, wäre sicher nicht falsch. Wir glauben, eine Wechselbeziehung von Gebeten,

Salbung, Abendmahl, Handauflegung, Lossprechung erkennen zu können.

Aber aus den an Jakobus orientierten Verhaltsweisen und Texten ist eine Begleitung des Verstorbenen unmittelbar nicht ableitbar, Gebete für Verstorbene, also rituelle Handlungen mit Gebets- und Segnungscharakter an der Leiche ergeben sich daraus nicht. »Aussegnungen« sind vom Jakobustext her nicht zu begründen. Aber unser heutiges Verständnis vom Umgang mit Verstorbenen und Toten schließt derartige Gebetshilfen keineswegs aus, zumal sie eine erste Trauerhilfe für die evtl. anwesenden Hinterbliebenen darstellen. Vor allem seitdem die Würde des Verstorbenen und der Leiche zur Disposition gestellt sind (Organtransplantation, Hirntoddefinition u. a.), erscheint es als Akt des Vollzugs der Wechselwirkung von Geschöpflichkeit und Ebenbildlichkeit des Menschen, den Umgang mit Sterbenden in einen auch rituellen Umgang mit Verstorbenen und mit ihren Angehörigen münden zu lassen.

7. Aussegnungen in direkter Beziehung zum Verstorbenen

Zum Abschluß einer Sterbebegleitung könnte unmittelbar eine Aussegnung am Bett des Verstorbenen stehen. Dieser Vorgang ist substantiell etwas anderes als ein Trauergottesdienst, bei dem stärker die Angehörigen und deren Verarbeitung des Trauererlebens im Mittelpunkt stünden. Die Aussegnung »dient« dem Verstorbenen auf seinem Weg; es ist wie das Winken der Zurückbleibenden bei der Abfahrt eines Freundes. Unsere Hinweise auf die Emmaus-Erzählung geben Anhaltspunkte. Der Verstorbene ist ja (noch) anwesend und wirkt auf die Beteiligten zurück. Die wissenschaftliche Literatur zur Trauerbegleitung weist aus, daß das Trauern »am Objekt« von außerordentlicher Bedeutung für die spätere Psychohygiene der Angehörigen und für den weiteren Trauerprozeß ist. Das wird vor allem dann deutlich, wenn »das Trauerobjekt« fehlt (z. B. bei Verschollenen). Deshalb müßte eine Form gefunden werden, die Chancen der Aussegnung des Verstorbenen zu nutzen. Dazu gibt es allerdings in den biblischen Texten nur ein Vorbild (2 Makk 12,38–45), aus dem rituell kaum ein Hinweis abgeleitet werden kann, da es sich um einen Sühneritus handelt. Und trotzdem können einige Elemente abgeleitet werden: die Selbstreinigung der Umstehenden, die Besinnung auf den biographischen Weg des Verstorbenen, die »Heimholung« in die Gemeinschaft der Sich-Erinnernden, die Mahnung an die Trauernden, der Hinweis auf die Auferstehung und den »Lohn im Himmel«, die Vergebung der Sünden und sogar das Sammeln von »Spendengeld«.

8. Unmittelbare Hilfen für die Hinterbliebenen im Zusammensein mit dem Toten

Die Begleitung, welche den Hinterbliebenen im Beisein des Toten zuteil wird, ist eine andere als die der eigentlichen Bestattungs- und Trauerfeier. Oftmals sind wir hilflos (textlos, sprachlos) bei Besuchen der Verstorbenen in der Aufbahrung (Leichenhalle). Allerdings macht diese Hilflosigkeit auch deutlich, daß die Örtlichkeiten solchen Abschieds zumeist keine kommunikativen Angebote machen. Ich habe Aufbahrungsräume gesehen, in denen bequeme Stühle standen, das Angebot eines Buches (Bibel) und die Möglichkeit für selbstgewählte Musik vorhanden war. Es gibt Bestatter, die den Angehörigen ermöglichen, den Sarg bemalen zu lassen (oder selbst zu bemalen). Die dabei ermöglichten Gespräche und rituellen Handlungen sind neu, fremd, aber chancenreich.

9. Besondere Situationen

Es gibt »gewöhnliches« und außergewöhnliches Sterben; und letztlich ist jeder Tod außergewöhnlich, weil es den gewöhnlichen Menschen nicht gibt[2]. Aber einige Zusammenhänge machen uns doch mehr »Probleme« als andere; und trotzdem sollten wir den Mut haben, uns diesen genauso offen und frei

2. Vgl. Rest, Franco: Den Sterbenden beistehen. Ein Wegweiser für die Lebenden. Heidelberg–Wiesbaden 1991 (3. Aufl.); Ders., Sterbebeistand – Sterbebegleitung – Sterbegeleit. Studienbuch. Stuttgart 1994[3].

formulierend anzunähern: Da ist die Mutter mit ihrem toten Kind[3]; da sind Suizid-Opfer aller Altersstufen und unterschiedlicher Art[4]; verstorbene Behinderte, das Sterben zur »Unzeit«. Das Geheimnis des Betens in solchen Augenblicken besteht in dem Mut, die Gedanken in Worte zu kleiden, wie sie gerade fließen.

10. Ergänzendes zu rituellen Impulsen in der Begleitung

Rituelles Handeln hat eine sprachliche und eine nicht-sprachliche (nonverbale) Ebene. Für die sprachliche Seite mag es hilfreich sein, den Duktus gewisser Texte zu beachten, z. B. den Hinweis auf die Verwendung der lutherischen Psalmübersetzung bei kirchlich Gebundenen im Vergleich zur Sprache der Einheitsübersetzung, die mehr den »Suchenden« entgegenkommt.[5]

Zu den nonverbalen Riten gehört vor allem die Stille. Sie ist ein hörbares Ereignis voll schöpferischer Kraft im Gegensatz zum Schweigen oder zur Sprachlosigkeit. Gerade in der Sterbebegleitung muß die Kraft der nicht gesprochenen Worte, die oftmals mehr sagen als die gesprochenen, behutsam bedacht werden. Es

3. Vgl. u. a. Buckingham, Robert W.: Mit Liebe begleiten. Die Pflege sterbender Kinder. München 1987; Albrecht, Anneliese: Denn alles Leben ist wie Gras. Wie eine Mutter Leiden und Sterben ihrer Tochter erlebte. Freiburg 1991[4]; Goldmann-Posch, Ursula: Wenn Mütter trauern. München 1990; Wolterstorff, Nicholas: Klage um einen Sohn. Göttingen 1988.

4. Vgl. z. B. Orbach, Israel: Kinder, die nicht leben wollen. Göttingen 1990; Quinnett, Paul G.: Warum mit dem Leben Schluß machen? Freiburg 1990.

5. Das Nebeneinander von gesamter und ungereimter Sprache verdeutlicht, daß eigentlich Begleitpersonen derartige Formulierungen finden bzw. zur Anregung nehmen könnten: Seelsorger, Ärzte, Pflegekräfte, Angehörige, Freunde und auch der Patient. Die vorgelegten Texte könnten in der vorbereiteten Form selbst gesprochen werden oder nur als Vorlage dienen, mutig in Worte zu kleiden, was als Gebet in die Situation hinein wirksam werden soll.

gibt ja so viele hörbare Ereignisse wie das Stöhnen, Weinen, Wimmern, Atmen, deren Deutung mehr im Innern des Menschen als von Außen erfolgt. Oftmals liegen Freud und Leid gerade in solchen Augenblicken eng beieinander. Zum Hörbaren zählt auch die Musik, besonders der Gesang. Wanderlieder, Abendlieder u. a. setzen Assoziationen frei, die auch Komatöse, Appalliker, Bewußtlose erreichen[6]. Oft entsteht unfreiwillig so etwas wie Musiktherapie. Sprache, Stille und Musik vermitteln Gemeinschaftserlebnisse, Selbstfindung, psychische Entlastung, Wahrnehmung der eigenen Stimmungsschwankungen, Ablenkung von körperlichen Beschwerden, offene Stellungnahme zu den Lebensproblemen.

Von unschätzbarem Wert sind die authentischen Körperkontakte in ihrer ganzen Widersprüchlichkeit: Streicheln kann Bereitschaft zur emotionalen Mitteilung signalisieren, aber auch Empathie nur vortäuschen. Es ist zu unterscheiden zwischen Körperkontakten zu Patienten, die nur taktil zu erreichen, und jenen, die noch mit allen Sinnen ihrer Umwelt gegenüber offen sind: von der flüchtigen Mitteilung über die Haut, daß der Begleiter im Raum ist, über »Dressurleistungen«, die ein Lächeln provozieren sollen, oder dem Tätscheln wie bei einem Reitpferd oder dem »sanften Zwang« bis zur zärtlichen, »anrührenden« Berührung, einem Vorgang empathischer Solidarität, in welche sich die handelnden Menschen als ganze Personen einbringen. Dies muß gesagt werden, ehe von der Handauflegung, dem Zeichen des Kreuzes auf der Haut des Kranken, von der Salbung seiner Handinnenflächen oder der Stirn, vom Fassen beider Hände u. a. geredet werden kann.

Vielleicht sollte noch von Blumen oder vom Licht die Rede sein. Die Kerze z. B. sollte z. B. in der Sterbebegleitung keine

6. Vgl. Rest, Franco: Bewußt-Sein statt Bewußt-Haben. Zur Kultur der Bewußt-Losen. In: Bienstein, Christel/Fröhlich, Andreas (Hrsg.): Bewußtlos. Eine Herausforderung für Angehörige, Pflegende und Ärzte. Verlag Selbstbestimmtes Leben: Düsseldorf 1994, S. 58–63.

»automatische« Rolle spielen. Sie ist vielmehr Sinnbild verlöschenden Lebens, natürlicher Wärme und des begleitenden Erhellens dunkler Räume, durch die der Patient vielleicht meint, gehen zu müssen. Das Licht in der Hand des Kranken zusammen mit Lichtern in den Händen der Umstehenden sind ein Beitrag zu jener Kontemplation, jener schauenden Versunkenheit, die den Weg des Menschen zum eigentlichen Lebenslicht erleuchtet.

Im übrigen sollten die Begleitpersonen sich auf die Persönlichkeit und Biographie des Sterbenden so weit wie möglich einlassen, damit sie kreativ erspüren, was ihm helfen könnte. Vor dem schlichten Kopieren von Riten anderer Kulturen oder Religionen sei nachdrücklich gewarnt; mit ihnen transportieren wir nicht nur fremde Geschichte und Geistlichkeit, sondern vollziehen zugleich einen neuen Imperialismus – und das ausgerechnet als Hilfe für die Hilflosesten. Ritus und Gebet müssen ehrlich sein: angemessen demjenigen, für den sie bestimmt sind, angemessen demjenigen, von dem sie kommen, und angemessen demjenigen, vom dem sie berichten.

Franco Rest

Literaturhinweise

Arbeitsgemeinschaft Christlicher Kirchen in Baden-Württemberg: »Heile mich Herr«, Materialsammlung zu Gottesdienst und Gebet um Heil und Heilung. Quell-Verlag, Stuttgart 1992

Becker, Hansjakob/Einig, Bernhard/Ullrich, Peter-O.: Im Angesicht des Todes. Ein interdisziplinäres Kompendium, Band 2, Kapitel VII: Praktische Theologie. EOS-Verlag, St. Ottilien 1987

Berger, Placidius: Religiöses Brauchtum im Umkreis der Sterbeliturgie in Deutschland. Verlag Regensberg, Münster/Westfalen

Godzik, Peter/Muschaweck, Petra (Hg.): Laßt mich doch zu Hause sterben! Gütersloher Verlagshaus, Gütersloh 1989

Godzik, Peter/Jeziorowski, Jürgen (Hg.): Von der Begleitung Sterbender. Lutherisches Verlagshaus, Hannover 1989

Gottesdienst der Kirche. Handbuch der Liturgiewissenschaft Teil 7, 2. Sakramentliche Feiern I/2: Reiner Kaczynski, Feier der Krankensalbung. Pustet Verlag, Regensburg 1992

Kübler-Ross, Elisabeth: Verstehen, was Sterbende sagen wollen. Einführung in ihre symbolische Sprache. Gütersloher Verlagshaus, Gütersloh 1990[3]

Lotz, Walter (Hg.): Agende für die Seelsorge an Kranken und Sterbenden. Johannes-Stauda-Verlag, Kassel 1949

Lutherische Liturgische Konferenz Deutschlands (Hg.): Entwurf der Agende für evangelisch-lutherische Kirchen und Gemeinden III: Dienst am Kranken. Lutherisches Verlagshaus, Hannover 1990

Lutherische Liturgische Konferenz Deutschlands (Hg.): Evangelisches Pastorale. Gebete und Lesungen zur Seelsorge. Gütersloher Verlagshaus, Gütersloh 1993[4], S. 100–150, 154–157, 162–168

Rest, Franco, Den Sterbenden beistehen. Ein Wegweiser für die Lebenden. Quelle & Meyer, Heidelberg/Wiesbaden 1989[3]

Schibilsky, Michael: Trauerwege. Beratung für helfende Berufe. Düsseldorf 1989

Schröer, Henning/Ruddat, Günter: Themagottesdienst. Gütersloher Verlagshaus, Gütersloh 1973, S. 57–65

Schumann, Wolfgang: Segen und segnen. Herausgegeben vom Amt für Mission. Dienste der Evangelischen Landeskirche Württemberg 118, 1985 (1991[6])

Sterzenbach, A.: Ein wiedergewonnenes Zeichen. Salbung Kranker in der evangelisch-lutherischen Kirche Deutschlands. In: Zeitschrift Gottesdienst 26, 1992

Register der Themen und Motive

Die Stichwörter sind jeweils nach *Schwerpunkten* ausgesucht. Vollständigkeit ist also nicht angestrebt, sondern eine Hilfestellung zur ersten Orientierung soll angeboten werden.

A
Abschied 12, 43, 44, 48, 50, 52, 54, 87, 91, 99
Angst 16 f., 20, 77
Arme Gottes 10
Auferstehung 36, 41 f., 84, 89, 94, 102

B
Berg als Bild für ein schwieriges Stück Lebensweg 9

D
Dank 46 f., 49, 57, 69, 85, 91, 99

E
Einwilligung 14, 29
Erinnerung 10, 26, 32, 46, 50, 53, 56, 69, 77
Erlösung 21
Ernte 27 f., 58
Erwartung des Endes 42

F
Familie – was wird sie tun ohne mich? 16 f.
Zu Familie siehe auch unter »Situationen«: Stichwort »Angehörige«
Fragen 18, 33, 44, 59, 77, 78, 100
Frieden 34, 38, 82, 101, 104
Fürbitte für Sterbende oder Gestorbene 31, 53

G
Geborgenheit 22, 26, 28, 42
Gesten 11 f., 23
Glauben 24, 36, 55
Gnade 42, 66
Grenze 29, 38, 50, 96, 106

H
Haltung der Seelsorgerin, des Seelsorgers 9, 11, 41
Heimat 37, 45, 107
Nicht hergeben wollen 15, 18
Hoffnung 14, 27, 36, 56, 68

Register der Situationen

Autorinnen und Autoren

Pfarrer Karl Heinz Backofen, Soest. Pfarrerin Berthild Boueke-von Waldthausen, Bielefeld. Pfarrer Willi Everding, Bochum. Pfarrerin Margarete Haarbeck, Mülheim/Ruhr. Pfarrerin Ursel Heinz, Herten. Pfarrerin Reile Hildebrandt-Junge-Wentrup, Gladbeck. Regine Huft, Duisburg. Prof. Dr. Klemens Jockwig, Hennef. Ilse Kibgis, Gelsenkirchen. Heidi Kolberg, Kassel. Lore Kress-Lembke, Lünen. Pfarrer Jürgen Martin, Gelsenkirchen. Superintendent i. R. Dietrich Mendt, Dresden. Pfarrer Hans Jürgen Milchner, Hunteburg. Vikarin Susanne Neumann, Gelsenkirchen. Dechant Hans Overkämping, Datteln. Pfarrer Werner Posner, Bochum. Hans Frieder Rabus, Stuttgart. Prof. Dr. Franco Rest, Dortmund. Gisela Rest-Hartjes, Dortmund. Pfarrerin Ute Riegas-Gundlach, Bochum. Annemarie Schnitt, Northeim.

Quellenverzeichnis

S. 15, 40 aus: Erich Legler: Der mich tröstet – für Tage der
Krankheit und Not, Reihe für Dich Bd. 1, Süddeutsche Verlags-
gesellschaft Ulm, 1993 [18]

S. 42: Arno Pötzsch »Du kannst nicht tiefer fallen«, Abdruck
mit freundlicher Genehmigung von Frau Renate Groß, Wein-
heim

S. 42: Augustinus, Selbstgespräche I 3,2

Alle Bibelstellen aus: Lutherbibel, revidierter Text 1984,
© Deutsche Bibelgesellschaft, Stuttgart.

S. 106: Abdruck mit freundlicher Genehmigung von Herbert
Jung, Saarbrücken

Elisabeth Kübler-Ross

AIDS

Herausforderung zur Menschlichkeit. 296 Seiten. Kt.
[3-579-00959-1] (GTB 959)

Befreiung aus der Angst

Berichte aus den Workshops
»Leben, Tod und Übergang«
mit 50 Fotos von Mal
Warshaw. 176 Seiten. Kt.
[3-579-00968-0] (GTB 968)

Elisabeth Kübler-Ross zeigt in
diesem Buch, wie Menschen
durch die Auseinandersetzung
mit Sterben und Tod Befreiung aus Angst und Schuldgefühlen erfahren.

Interviews mit Sterbenden

16. Auflage. 160 Seiten. Kt.
[3-579-00960-5] (GTB 960)

Das erfolgreichste Buch zum
Thema Tod und Sterben.

Leben bis wir Abschied nehmen

Mit 80 Fotos von Mal Warshaw und einem Beitrag von
Paul Becker. 3. Auflage.
176 Seiten. Kt.
[3-579-00955-9] (GTB 955)

Elisabeth Kübler-Ross
Befreiung aus der Angst
Berichte
aus den Workshops
»Leben, Tod und Übergang«
mit 50 Fotos von
Mal Warshaw

GTB
SACHBUCH

Reifen werden zum Tode

6. Auflage. 190 Seiten. Kt.
[3-579-01023-9] (GTB 1023)

Verstehen, was Sterbende sagen wollen

Einführung in ihre symbolische Sprache. 3. Auflage.
160 Seiten und 8 farbige
Kunstdrucktafeln. Kt.
[3-579-00952-4] (GTB 952)

Gütersloher Verlagshaus

Lebenshilfe · Ratgeber ·
Sachbücher zum Thema:
Tod und Sterben

Johann Christoph Hampe
Sterben ist doch ganz anders
Erfahrungen mit dem eigenen
Tod. 3. Auflage. 170 Seiten.
[3-579-00964-8] GTB 964

Eberhard Jüngel
Tod
5. Auflage. 175 Seiten.
[3-579-01295-9] GTB 1295

Marielene Leist
Kinder begegnen dem Tod
3. Auflage. 192 Seiten.
[3-579-00956-7] GTB 956

Eckart Wiesenhütter
Blick nach drüben
Selbsterfahrungen im Sterben.
5. Auflage. 92 Seiten.
[3-579-00966-4] GTB 966

Gütersloher Verlagshaus

Tod und Sterben

Marielene Leist
Kinder begegnen dem Tod

3. Auflage. 192 Seiten.
[3-579-00956-7] (GTB 956)

Wie jeder von uns hat auch das
Kind Angst vor dem Tod und
trauert um tote Freunde und
Verwandte. Vielleicht steht es
sogar selbst vor der Bedrohung
zu sterben, durch Unfall oder
eine unheilbare Krankheit. Wie
können wir dem Kind in dieser
Situation beistehen, wie es in
seiner Not und Hilflosigkeit verstehen? Die Autorin gibt praktische Hilfen, den kindlichen
Schmerz zu erkennen und zeigt
Wege auf, wie er zu lindern und
zu bewältigen ist.